www.ingramcontent.com/pod-product-compliance
Lightning Source LLC
LaVergne TN
LVHW021750170726
843503LV00004B/1799

--------------- *Ridiculum acri.*

ALMANACH

DE LA

LUNE,

OU

CALENDRIER

LUNATIQUE,

CONTENANT

Diverses Curiositez, Observations, Prédictions, Joyeusetez, Critiques, Véritez, Facéties, Pronostics, Galanteries, Prophéties absolument infaillibles, &c. &c.

Le tout tiré, au clair de la Lune, des Ephémérides de cet Astré,

POUR L'ANNE'E M. DCC. XLV.

Par le Docteur LANTERNE'S, Neveu du sçavant & célébre *Matthieu* LANSBERG, & Cousin-germain du *fameux Almanach* de MILAN.

PARIS,
sur l'Observatoire.
1745.

PREFACE.

„ E N C O R E un Almanach Nouveau!
„ Pefte foit des Auteurs & de
„ leur famélique demangeaifon d'é-
„ crire! Ne fe lafferont - ils donc ja
„ mais de barbouiller du papier, de
„ fatiguer le Public, d'ennuyer leurs
„ Lecteurs, de ruiner leurs Libraires
„ & d'enrichir, tout au - plus, quel-
„ ques Epiciers ou quelques Beurières,
„ quelle obftination, ou plutôt quelle
„ fureur s'eft emparée de cette efpèce
„ fingulière d'hommes qui, à l'exem-
„ ple des filoux, ne fçavent quel ftra-
„ tagème imaginer pour attraper no-
„ tre argent! Ne fe trouvera-t'il point
„ quelque bonne ame qui nous déli-
„ vrera de cette race importune? dût-
„ elle préfenter pour cet effet aux
„ Magiftrats une Requefte auffi rifi-
„ ble, que celle qu'un Petit-Maître
„ de *Paris* vient de préfenter contre
„ eux au premier Parlement de *Fran-
„ ce?* O trois & quatre mille fois heu-
„ reux le Mortel qui purgera la Terre
„ de cette maudite engeance & de
„ toutes leurs productions, dont on
„ peut dire, avec encore plus de rai-
„ fon que *Molière* ne l'a dit du Co-
„ cuage.

C'eft

C'est un vilain abus ; & les Gens de Police
Nous devroient bien régler une telle injustice . . . . .

TOUT-DOUX, Notre très Cher & très Bilieux Lecteur ! A quoi bon vous échaufer de la sorte ? Vous vous égosillez, & jouez un jeu à vous enrhumer pour tout votre Hiver ; & cela pour un Almanach de deux liards ! La chose n'en vaut - elle pas bien la peine ? Ne croiroit - on pas, à vous entendre, que l'on vous vole, que l'on vous pille, que l'on vous assassine ? Ce que c'est que la passion ! A quel point elle aveugle & emporte les hommes ?

Tantos compesce furores.

Mon intention n'est , ni de vous piller , ni de vous voler, pas même de vous ennuyer, mais bien, si je le puis, de vous instruire & de vous faire rire, y a t'il-là de quoi vous mettre en colère ? Non sans doute, à moins que vous ne vouliez que je vous mette à

la

PREFACE.

la tête des L U N A T I Q U E S qui pa-
roîtront cette Année fur le grand Théatre du Monde , & dont je vais vous pro-
phétifer les rifibles & comiques folies.

T O U T E fingulière , & peut - être
extravagante , que vous paroiffe cette
idée, je ne laifferai cependant pas que de
l'exécuter ; & fuivant les Obfervations
Aftronomiques que j'ai faites fur ce
fujet , je puis vous affûrer que j'aurai
plus de matière qu'il ne m'en faudra,
tant le nombre de leurs folies fera
grand. Si vous m'en demandez la
raifon ; elle eft auffi vraye que natu-
relle, c'eft que ce ne fera point le Soleil , mais la Lune , qui aura cette
année la direction de ce vafte Univers.
Par-là fe trouve accompli l'ancien Proverbe qui dit *Chaque chofe à fon tour
dans le Monde.* Ce fera donc , cette
Année , celui de la Lune à gouverner
les Créatures foi-difantes raifonnables
de ce Globe.

Q U E l'on juge par l'inconftance,
la bifarrerie , l'irrégularité & les ca-
prices d'une pareille Conductrice, fi
le Monde ne fera pas bien gouverné.
A quels travers ne doit-on pas s'at-
tendre ! Auffi jamais les hommes &
encore plus les femmes n'auront
fait paroître plus d'irrégularité dans
leur conduite, plus de bizarerie dans

leurs

leurs Modes, plus d'extravagance dans leurs Projets, plus d'inconstance dans leurs Desirs, plus de mauvaise foi dans leurs Commerce, plus de trahisons dans leur Société, plus d'égarement dans leur Esprit, plus de corruption dans leurs Mœurs, plus d'orgueil, de jalousie, d'ambition dans leur Cœur, &c.

JAMAIS on n'aura vu, depuis que le monde est sorti du néant pour la première fois, moins de Ministres chérir & soulager les Peuples, moins de Magistrats aimer à rendre la Justice, moins de Prélats vivre Chrétiennement, moins de Prêtres charitables & désintéressez, moins de Moines, chastes & sobres, moins de Nonnes d'étachées de la Bagatelle, moins de Théologiens dociles & pacifiques, moins d'Abbez modestes, moins d'Officiers brâves & généreux, moins de Juges & d'Avocats incorruptibles, moins de Procureurs honêtes-gens, moins de Maltotiers compatissants à la misère du Peuple, moins de Médecins habiles, & soignenx de la santé de leurs Malades, moins de Marchands plus attachez à la bonne-foi qu'à leur fortune, moins de Maris complaisants & amoureux de leurs Femmes, moins de Femmes fidelles à leurs Maris, moins

d'A-

PREFACE.

d'Amants conftants dans leurs amours, moins de Tuteurs attachez aux interêts de leurs Pupilles, moins de Pères attentifs à l'éducation de leurs Enfans, moins de Mères jaloufes de l'honneur de leurs Filles, moins d'Enfans refpectueux envers leurs Parents, moins de Libraires pécunieux & foigneux de fatisfaire leurs Créanciers, moins d'Auteurs fçavans & à leur aife, moins de bons Livres, & par conféquent moins d'Acheteurs.

ENFIN comme la Lune eft l'Antagonifte du Soleil ; que celle-ci fe leve ordinairement quand l'autre fe couche, & fe couche quand il fe lève, qu'elle va à droit, lorfque celui-ci va à gauche, qu'elle fait douze à treize tours, pendant que celui-ci n'en fait qu'un ; que comme une folle qu'elle eft, elle porte fes Cornes tantôt à droit, tantôt à gauche, ce que celui-ci ne fait jamais, fa face rayonnante étant toûjours la même ; En un mot comme elle marche au rebours de tous les autres Aftres, le Monde dont la direction lui a été confiée pour cette Année, ira à peu près de même ; c'eft-à-dire tout au rebours du train dont il alloit au temps de nos bons vieux Pères, qui fe louoient tant de leur fiécle.

Heu-

Heureux Age, Age d'Or, qu'êtes vous
  devenu!
Helas! c'en est donc fait, on ne vous
  verra plus.

C'EST du moins ce que l'on ne
doit pas espérer cette Année, ni peut-
être de longtems. Pour vous en con-
soler, Ami Lecteur, suivez le pré-
cepte d'un Sage qui dit qu'il *faut pren-*
dre le tems comme il vient, les hom-
mes comme ils sont & faire de né-
cessité vertu.

Dans le Monde, on doit faire ainsi
  qu'aux jeu de dez,
Ou, si vous n'avez pas ce que vous de-
  mandez,
Il faut jouër d'adresse, & d'une ame
  réduite
Corriger le Hazard par la bonne Con-
  duite.

TEL est le but que je me suis
proposé moi-même en composant
ce petit Ouvrage, & ce que je me
flatte que vous ferez lorsque je vous
aurai mis sous les yeux une par-
A 3
tie

tie des *Lunatiques* bévuës que feront nos femblables, & que vous
auriez peut-être fait vous-même
fans ce préfervatif dont vous ne fauriez trop-tôt vous munir. C'eft à
quoi mon Libraire m'a chargé de vous
exhorter.

DIXI.

PRÉDICTIONS

GÉNÉRALES

POUR

L'ANNÉE 1745.

Qu'IL y ait cette Année beaucoup d'Eclipſes parmi les Négociants, Marchands, Libraires, &c. c'eſt une verité qu'un vieux Aſtrologue n'a pas eu grande peine à prophétiſer, la plûpart de ces Meſſieurs, n'ayant pas attendu l'arrivée de l'Année 1745. pour accomplir ſa prédiction. Mais à ces Eclipſes, il s'en joindra une autre dont les ſuites ne ſeront pas d'une moindre conſéquence pour la Société. C'eſt celle du Sens - Commun qui, par une Révolution auſſi étrange qu'inopinée, ſera très-rare cette Année. Cette Eclipſe ſera, peu s'en faut totale, univerſelle & viſible ſur tous les Horiſons de notre Globe; preſque tout le genre humain s'en reſſentira, *depuis le Sceptre juſqu'à la Houlette.*

MAIS

MAIS il est des hommes chez qui il disparoitra absolument. Tels seront les Théologiens, les Auteurs, les Musiciens, les Peintres, les Chimistes & autres gens à peu près de la même classe sur lesquels les Bizarres influences de la Lune se feront sentir cette année d'une manière tout-à-fait extraordinaire. L'Auteur même du présent Almanach s'attend de mener la bande, & d'aller avec elle droit aux *Petites maisons* *.

QUOIQUE, suivant toutes nos Observations, nous n'ayons remarqué dans le Ciel aucun Symptome qui nous menace de Peste ni aucune maladie contagieuse, il régnera néanmoins sur la Terre, depuis le Mois de Mars, jusqu'à la fin de Novembre, des Mortalitez qui emporteront depuis deux jusqu'à vingt mille hommes à la fois, & peut-être plus, en un seul jour, & dans une seule demi-lieuë d'étendue de païs. Cette étrange mortalité régnera beaucoup plus dans les Campagnes que dans les Villes. La Turquie, l'Allemagne, le Piémont, l'Italie sont

par-

---

* Hôpital où l'on enferme les foux à *Paris*.

particulièrement menacées de cette épouvantable désolation. La Mer les engloutira de même par milliers. Enfin ce redoutable fléau sera annoncée aux Mortels par l'arrivée d'une Cométe qui portera une Barbe de dix - neuf mille, dix - neuf cent, quatre-vingt dix - neuf licuës, & dix-neuf toises, de long. Son Aspect seul fera trembler les Esprits les plus forts.

LA conjonction de *Venus* avec *Mercure* nous console un peu de la précédente prédiction. Ce dernier nous annonce dans les filles, femmes, & veuves une grande envie de repeupler le Monde. Le malheur sera que les hommes seront si rares, que selon toutes les apparences, la propagation en soufrira beaucoup. Il y aura cependant un moyen de remédier à ce terrible inconvénient. Pour cela il n'y aura qu'à permettre la Poligamie aux Maris, le Concubinage aux Prélats, Prêtres, Moines, Abbez, & la Cocufaction aux pauvres Diables qui n'auront pas le moyen de se servir, ni de l'un ni de l'autre. Le premier de ces articles rencontrera de grands obstacles de la part du Séxe. Le second & le troisieme, déja tolérez & en usage depuis longtems, iront encore plus grand train que par le passé; &

A 5

cela

cela pour le bien de l'Etat & de la Nature humaine.

Nos Observations particulières sur la Planette de *Mercure* portent qu'il y aura cette Année non seulement beaucoup de larcins amoureux, mais quantité de vols, tant sur Terre, que sur Mer ou tout sera au pillage & où attrappera qui pourra. Il n'y aura pas jusqu'aux Ecrivains & aux Prédicateurs qui pilleront impuné-ment tous leurs devanciers. Mais cela n'étonnera point ceux qui sçavent que ces Messieurs sont de tout tems

Assueti vivere rapto.

SATURNE, qui s'est enrûmé & a cassé son anneau en courant après *Jupiter* par qui il prétendoit avoir été insulté, nous pronostique qu'il fera fort chaud au Printems prochain dans certains cantons de l'Europe. Cette chaleur excessive sera fatale à beaucoup de personnes qui mour-ront subitement, & sans aucune ma ladie. Cette dernière circonstance fera beaucoup de plaisir à ceux qui n'aiment pas à languir ; & encore plus à ceux à qui ils laisseront de gros Héritages. Grand Deuil parmi

ces

ces derniers qui le porteront avec beaucoup de joye.

JUPITER, qui vient de faire une culbute, & qui a pensé se rompre le col en voulant éviter la colère de *Saturne*; * nous fait apréhender pour certaines Puissances qui, pour avoir voulu aller trop grand train, pouroient bien de même donner du nez en Terre. Si la chose arrivoit, ce qu'à Dieu ne plaise (car on ne doit jamais souhaiter de mal à son prochain, & encore moins à ce

----

* *Jupiter* est la plus grande des Planettes de notre Tourbillon. Il est 1170 fois plus gros que la *Terre*, & est éclairé la nuit par quatre Satellites ou Lunes, dont la moindre est plus grande que cette même *Terre*. Toute monstrueuse, pour sa grosseur, qu'est cette Planette, qui a quatre - vint treize mille lieuës de circuit, elle tourne néanmoins sur elle-même en moins de dix, & selon quelques Astronomes, en six heures de tems. Qu'on juge par-là de l'étonnante rapidité de son mouvement. C'est le plus impétueux que l'Esprit Humain puisse se figurer.

A 6

ce prochain-là) peu de gens les plaindroient, tant est grande aujourd'hui la perversité du genre humain.

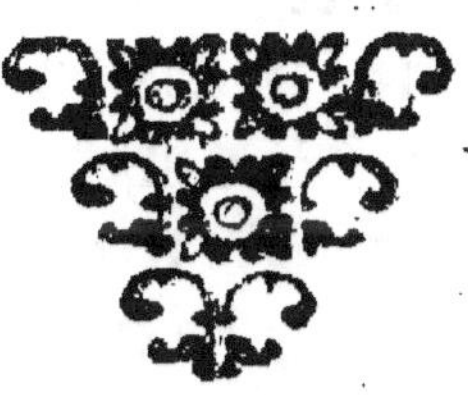

CALCUL

ECCLESIASTIQUE.

NOMBRE D'OR. Comme les Auteurs d'aujourd'hui ne connoiſſent guére ce nombre-là, il nous faut pour le trouver recourir aux Aſtronomes qui nous aſſurent que ce ſera, cette Année, le Nombre - - - 17

Cycle Solaire, ou Dominical - 18
Epacte - - - - - - - 26
Indiction Romaine - - VIII.
Lettre Dominicale - - - - C.

 FE-

FETES IMMOBILES

Pour les

LUNATIQUES.

L^E 29. (Nouveau Stile) & le 1. Janvier (V. S.) apellé jour de l'An.

Le 6. du même Mois nommé communément le jour des *Rois*.

Depuis le jour susdit, jusqu'au 3. de Mars, nommé *Eccléfiaftiquement*, le jour des *Cendres* : Fête & Bal tous les Dimanches à l'Opera.

Le 30. Avril, & le 1. & 2. Mars : Fête univerfelle & Bal général.

Le 8. Septembre, ou la foire de *Bezons*.

Le 11. Novembre, jour de *S. Martin*.

(NB.) Outre ces fêtes, il y en aura encore de mobiles & cafuelles qu'on n'a pu fixer ici, parce qu'elles font encore dans les efpaces imaginaires. Telles font les réjouiffances publiques, les feux d'Artifice,

les

les fontaines de vin , les feſtins à la
diable prodiguez à la Populace, le
tout pour célébrer des triomphes
arroſez de flots de ſang humain,
triomphes que la Raiſon célébre par
des torrents de larmes ; mais ce
n'eſt pas l'uſage parmi les *Lunati.
ques.*

JANVIER à 31 Jours la Lune 30. *Sig.* ♒

jo. L.	Phases de la L.	jo. m.	jo. de la Se.	Noms des Saints.	Lev. d. Sol.	Couc. d. Sol.
29	N.	1	Ven.	*Circoncis.*	7 h 54	4 h 6
30	N.	2	Sam.	Basile.	7 53	4 7
1	Lune le	3	*Dim*	*Génev.*	7 52	4 8
2	2 à 8 h.	4	Lun.	Tite.	7 52	4 8
3	27 min.	5	Mar.	Siméon.	7 51	4 9
4	du soir.	6	Mer.	*Rois.*	7 51	4 9
5		7	Jeu.	Romain	7 50	4 10
6		8	Ven.	Gudule.	7 49	4 11
7	P.	9	Sam.	Julien.	7 48	4 12
8	Quart.	10	*Dim*	Pauls.	7 47	4 13
9	le 11 à	11	Lun.	Fréjus.	7 46	4 14
10	1 h. 55	12	Mar.	Césaire.	7 45	4 15
11	m. du	13	Mer.	Hilaire.	7 44	4 16
12	mat.	14	Jeu.	N. de J.	7 43	4 17
13		15	Ven.	Maur Ab.	7 42	4 18
14		16	Sam.	Guillau.	7 41	4 19
15	P.	17	*Dim*	Antoin.	7 40	4 20
16	Lune le	18	Lun.	Ch. S. P.	7 39	4 21
17	18 à 3	19	Mar.	Canut.	7 38	4 22
18	h. 45 m.	20	Mer.	Sébastien	7 37	4 23
19	du mat.	21	Jeu.	Agnès.	7 35	4 25
20		22	Ven.	Vincent.	7 34	4 26
21		23	Sam.	Raimo.	7 33	4 27
22	D.	24	*Dim*	Thimot.	7 31	4 29
23	Quart.	25	Lun.	C. S. Paul	7 30	4 30
24	le 24 à	26	Mar.	Policarp.	7 29	4 31
25	7 h. 46	27	Mer.	Chrysost	7 27	4 33
26	m. du	28	Jeu.	Cirille.	7 26	4 34
27	soir.	29	Ven.	Fr. de Sal.	7 24	4 36
28		30	Sam.	Mathild.	7 23	4 37
29		31	*Dim*	Pier. No.	7 22	4 38

FÉVRIER à 28 Jours la Lune 30. Sig. ♓

jo. L	Phases de la L.	jo. m.	jo. de la Se.	Noms des Saints	Lev. d. Sol.	Couc. d. Sol.
		1	Lun.	Ignace.	7 h 20	4 h 40
1	N	2	Mar.	*Pur. N D*	7 18	4 42
2	Lune le	3	Mer.	Blaise.	7 17	4 43
3	1 à 3 h.	4	Jeu.	Gilbert.	7 15	4 45
4	10 min.	5	Ven.	Agathe.	7 14	4 46
5	du soir	6	Sam.	Doroth.	7 13	4 47
6		7	*Dim*	Romual.	7 11	4 49
7		8	Lun.	Jean M.	7 9	4 51
8	Pr	9	Mar.	Apolline	7 7	4 53
9	Quart.	10	Mer.	Scholast.	7 6	4 54
10	le 9 à 6	11	Jeu.	Severin.	7 4	4 56
11	h. 40 m.	12	Ven.	Eulalie.	7 2	4 58
12		13	Sam.	Lesin.	7 1	4 59
13		14	*Dim*	*Septuag.*	6 59	5 1
14		15	Lun.	Faustin.	6 57	5 3
15	P.	16	Mar.	Julienn.	6 56	5 4
16	Lune le	17	Mer.	Marian.	6 54	5 6
17	16 à 1	18	Jeu.	Siméon.	6 52	5 8
18	h. 55 m	19	Ven.	Boniface	6 50	5 10
19	du soir.	20	Sam.	Eucher.	6 49	5 11
20		21	*Dim*	*Sexagést.*	6 47	5 13
21		22	Lun.	Ch. S. P.	6 45	5 15
22	D	23	Mar.	Mil. *Vig.*	6 43	5 17
23	Quart.	24	Mer.	Mathias	6 42	5 18
24	le 23 à	25	Jeu.	Prétextat	6 40	5 20
25	8 h.	26	Ven.	Alexand.	6 38	5 22
26	m. du	27	Sam.	Léandre.	6 36	5 24
27	mat.	28	*Dim*	*Quinqua.*	6 34	5 26

Epacte XXVI.

Lettre Domin. C

MARS à 31 jours la Lune 29. Sig. ♈

jo. L	Phases de la L	jo. m	jo. de la S.	Noms des Saints	Lev. d. Sol.	Couc. d. Sol.
28	[lune]	1	Lun.	Aubin.	6 h. 31	5 h. 29
29	N	2	Mar.	*Gras.*	6 29	5 31
30	Lune le	3	Mer.	*Les Cend.*	6 27	5 33
1	3 à 10	4	Jeu.	Casimir.	6 26	5 34
2	h. 2 m	5	Ven.	P. N. Sei.	6 24	5 36
3	du mat	6	Sam.	Colette.	6 22	5 38
4		7	*Dim*	*Quadra.*	6 20	5 40
5		8	Lun.	Th. d'Aq.	6 18	5 42
6	Pr.	9	Mar.	Françoil.	6 17	5 43
7	Quart	10	Mer.	4 *Tems.*	6 15	5 45
8	le 11 à	11	Jeu.	40 Mart.	6 13	5 47
9	7 h. 2:	12	Ven.	Grégoire	6 11	5 49
10	min. d	13	Sam.	Leandre.	6 9	5 51
11	matin.	14	2 *D.*	*Reminis.*	6 7	5 53
12		15	Lun.	Longin.	6 6	5 54
13		16	Mar.	Abraham	6 4	5 56
14	P	17	Mer.	Gertrud.	6 2	5 58
15	Lune le	18	Jeu.	Cyrille.	6 0	5 0
16	17 à 1	19	Ven.	*Joseph.*	5 58	6 2
17	h. 28 m	20	Sam.	Joachim.	5 57	6 3
18		21	3 *D.*	*Oculi.*	5 55	6 5
19		22	Lun.	Cather.	5 53	6 7
20	D	23	Mar.	Eusebe.	5 51	6 9
21	Quart	24	Mer.	Gabriel.	5 49	6 11
22	le 24	25	Jeu.	*Annoncia*	5 48	6 12
23	10 h.	26	Ven.	Ludger.	5 46	6 14
24	min.	27	Sam.	Rupert.	5 44	6 16
25	du soir.	28	4 *D.*	*Latare.*	5 42	6 18
26		29	Lun.	Eustache	5 40	6 20
27		30	Mar.	Rieul.	5 39	6 21
28		31	Mer.	Balbine.	5 37	6 23

jo. L	Phases de la L.	jo. m	jo. de la Se.	Noms des Saints.	Lev. d. Sol.	Couc. d. Sol.
29	● N.	1	jeu.	Hugues	5 h. 35	6 h. 25
30		2	Ven.	E. de P.	5 33	6 27
1	Lune le	3	Sam.	Nicetas	5 31	6 29
2	2 à 3 h.	4	5. D.	*Judica*	5 30	6 30
3	25 min.	5	Lun.	Vinc. F.	5 28	6 32
4	du mat.	6	Mar.	Celestin	5 26	6 34
5		7	Mer.	Hégesipe	5 24	6 36
6		8	Jeu.	Gautier	5 23	6 37
7	☽ Pr.	9	Ven.	Procope	5 21	6 39
8	Quart.	10	Sam.	Macaire	5 19	6 41
9	le 9 à	11	6. D.	*Rameau.*	5 17	6 43
10	4 h. 45	12	Lun.	Julien	5 16	6 44
11	min. du	13	Mar.	Justin.	5 14	6 46
12	soir.	14	Mer.	Tiburce	5 12	6 48
13		15	Jeu.	*Saint*	5 11	6 49
14		16	Ven.	Paterne	5 9	6 51
15	☉ P.	17	Sam.	Anicet	5 7	6 53
16	Lune le	18	*Dim*	*PASQU.*	5 5	6 55
17	16 à 8	19	Lun.	Parfait	5 4	6 56
18	h. 40 m.	20	Mar.	Marcial	5 2	6 58
19	du mat.	21	Mer.	Anselm.	5 0	6 0
20		22	Jeu.	Oportun	4 59	7 1
21		23	Ven.	George	4 57	7 3
22	☾ D.	24	Sam.	Alexand.	4 55	7 5
23	Quart.	25	1. D.	*Quasim.*	4 54	7 6
24	le 23 à	26	Lun.	Clet Pa.	4 52	7 8
25	3 h. 19	27	Mar.	Anastase	4 51	7 9
26	min.	28	Mer.	Vital M.	4 49	7 11
27	du soir.	29	Jeu.	Cat. de S.	4 47	7 13
28		30	Ven.	Eutrope	4 46	7 14

jo. L.	Phases de la L.	jo. m.	jo. de la Se.	Noms des Saints.	Lev. d. Sol	Couc. d. Sol.
29	N.	1	Sam.	S. la S Ph	4 h. 44	7 h. 16
1		2	2 D.	Athana.	4 43	7 17
2	Lune le	3	Lun.	In ste. C.	4 41	7 19
3	1 à 4 h.	4	Mar.	Moniqu.	4 40	7 20
4	25 min.	5	Mer.	Pie V.	4 38	7 22
5	du soir.	6	Jeu.	I. P. L.	4 37	7 23
6		7	Ven.	Domiti.	4 35	7 25
7	Pr.	8	Sam.	Stanisl.	4 34	7 26
8	Quart.	9	3. D.	Soulang.	4 32	7 28
9	le 8 à 10	10	Lun.	Mamert.	4 31	7 29
10	h. 45 m.	11	Mar.	Nérée	4 30	7 30
11	du soir	12	Mer.	Servais.	4 28	7 32
12		13	Jeu.	Pacome	4 27	7 33
13	P.	14	Ven.	Isidore	4 25	7 35
14	Lune le	15	Sam.	Rupert	4 34	7 36
15	15 à 6 h.	16	4. D.	Honoré	4 23	7 37
16	11 min.	17	Lun.	Montain	4 22	7 38
17	du soir.	18	Mar.	Felix	4 20	7 40
18		19	Mer.	Ives	4 19	7 41
19	D.	20	Jeu.	Bernard	4 18	7 42
20	Quart.	21	Ven.	Hospice	4 17	7 43
21	le 23 à	22	Sam.	Julie	4 16	7 44
22	9 h. 14	23	5. D.	Ives.	4 15	7 45
23	minut.	24	Lun.	Rogation	4 13	7 47
24		25	Mar.	Urbain	4 12	7 48
25	N.	26	Mer.	Philip. N	4 11	7 49
26	Lune le	27	Jeu.	Ascension	4 10	7 50
27	31 à 6	28	Ven.	Germain	4 9	7 51
28	h. 42 m.	29	Sam.	Maxime	4 9	7 51
29		30	6. D.	Hubert	4 8	7 52
30		31	Lun.	Petrone	4 7	7 53

JUIN à 30 Jours la L. 29. Sig. ♋

jo. L.	Phases de la L.	jo. m.	jo. de la Se.	Noms des Saints.	Lev. d. Sol.	Couc. d. Sol.
30		1	Mar.	Pamphil.	4 h. 6	7 h. 54
1		2	Mer.	Photin.	4 5	7 55
2	Pr	3	Jeu.	Clotilde.	4 4	7 56
3	Quart.	4	Ven.	Quirin.	4 4	7 56
4	le 7 à	5	Sam.	*Vig. Jeu.*	4 3	7 57
5	5 h. 9	6	*Dim*	*PENT.*	4 2	7 58
6	minut.	7	Lun.	Mériade.	4 2	7 58
7	du mat.	8	Mar.	Médard.	4 1	7 59
8		9	Mer.	Pélagie.	4 1	7 59
9		10	Jeu.	Landry.	4 0	8 0
10	P.	11	Ven.	Barnabé	4 0	8 0
11	Lune le	12	Sam.	Onufre.	3 59	8 1
12	14 à 4 h	13	1. *D.*	*Trinité.*	3 59	8 1
13	40 min.	14	Lun.	Basile.	3 59	8 1
14	du soir.	15	Mar.	Gui Mar.	3 58	8 1
15		16	Mer.	Cyr. M.	3 58	8 2
16		17	Jeu.	*Fête-Di.*	3 58	8 2
17	D.	18	Ven.	Marine.	3 58	8 2
18	Quart.	19	Sam.	Ger. Pro.	3 58	8 2
19	le 22 à	20	2. *D.*	Sylvere	3 58	8 2
20	3 h. 16	21	Lun.	Leufroy.	3 58	8 2
21	min.	22	Mar.	Paulin.	3 58	8 2
22	du mat.	23	Mer.	Edilt *Vig*	3 58	8 2
23		24	Jeu.	*Jean Ba.*	3 58	8 2
24		25	Ven.	Prosper.	3 58	8 2
25	N.	26	Sam.	Crescent	3 58	8 2
26	Lune le	27	3. *D.*	Anthel.	3 59	8 1
27	29 à 4	28	Lun.	Irén. *Vig*	3 59	8 1
28	h. 44 m.	29	Mar.	S. P. S. P.	3 59	8 1
29	du soir.	30	Mer.	Com. S. P	4 0	8 0

JUILLET à 31 Jours la Lune 30. *Sig.* ♌

jo. L	Phases de la L.	jo. m	jo. de la Se.	Noms des Saints.	Lev. d. Sol.		Cou. d. Sol.	
1		1	Jeu.	Martial.	4 h.	0	8 h.	0
2		2	Ven.	Vis. N. D.	4	1	7	59
3	Pr	3	Sam.	Hyacinte	4	1	7	59
4	Quart.	4	4. *D.*	Tr. S. M.	4	2	7	58
5	le 6 à 10	5	Lun.	Valère.	4	2	7	58
6	h. 8 m.	6	Mar.	Tranquil	4	3	7	57
7	du mat.	7	Mer.	Aubierg.	4	3	7	57
8		8	Jeu.	Elisabeth	4	4	7	56
9		9	Ven.	Cyrille.	4	5	7	55
10	P.	10	Sam	Félicité	4	6	7	54
11	Lune le	11	5. *D.*	Pie Pape	4	6	7	54
12	13 à 4	12	Lun.	S. Prix	4	7	7	53
13	h. 43 m.	13	Mar.	Anaclet.	4	8	7	52
14	du soir.	14	Mer.	Bonave.	4	9	7	51
15		15	Jeu.	Henry.	4	10	7	50
16		16	Ven.	Eustache	4	11	7	49
17	D.	17	Sam.	Alexis.	4	12	7	48
18	Quart.	18	6. *D.*	Clair.	4	13	7	47
19	le 21 à	19	Lun.	Fréderic.	4	14	7	46
20	3 h. 4	20	Mar.	Marg *Ca.*	4	15	7	45
21	m. du	21	Mer.	Victor.	4	16	7	44
22	soir.	22	Jeu.	Magdel.	4	17	7	43
23		23	Ven.	Brigitte.	4	18	7	42
24		24	Sam.	Christin.	4	20	7	40
25	N	25	7. *D.*	S. J. S. C.	4	21	7	39
26	Lune le	26	Lun.	Tra. S. M.	4	22	7	38
27	29 à 1 h.	27	Mar.	Pantaleo	4	23	7	37
28	11 min.	28	Mer.	Anne.	4	25	7	35
29	du mat.	29	Jeu.	Marthe.	4	26	7	34
30		30	Ven.	Ours E.	4	27	7	33
1		31	Sam.	Ger. Au.	4	29	7	31

AOUST à 31 Jours la L. 29. Sig. ♏

jo. L.	Phases de la L.	jo. m.	jo. de la Se.	Noms des Saints	Lev. d. Sol	Cou. d Sol
2		1	8 D.	S.P. ès lie	4 h 30	7 h 30
3	Pr.	2	Lun.	N D des A	4 31	7 29
4		3	Mar.	Inv. S. Et	4 33	7 27
5	Quart.	4	Mer.	Dominiq	4 34	7 26
6	le 4 à	5	Jeu.	N D des N	4 36	7 24
7	4 h. 36	6	Ven.	Tra. N.S.	4 37	7 23
8	m. du	7	Sam.	Albert.	4 39	7 21
9	soir.	8	9. D	Just. Mar	4 40	7 20
10		9	Lun.	Rom Vig	4 42	7 18
11		10	Mar.	Laurent.	4 43	7 17
12	P	11	Mer.	Susanne.	4 45	7 15
13	Lune le	12	Jeu.	ste Claire	4 46	7 14
14	12 à 6 h	13	Ven.	Hypolite	4 48	7 12
15	41 min	14	Sam.	Vig. Jeu	4 49	7 11
16	du mat	15	10 D	Assa ND	4 51	7 9
17		16	Lun.	Roch C.	4 53	7 7
18		17	Mar.	Julienne.	4 54	7 6
19	D	18	Mer.	Hélene.	4 56	7 4
20	Quart.	19	Jeu.	F. J. Can	4 58	7 2
21	le 20	10	Ven.	Bernard.	4 59	7 1
22	10 h. 5	11	Sam.	Privat.	5 1	6 59
23	m. du	22	11 D	Simpho.	5 2	6 58
24	matin.	23	Lun.	Timoth.	5 4	6 56
25		24	Mar.	Barthéle	5 6	6 54
26		25	Mer	Lo. R. F.	5 7	6 53
27	N	26	Jeu.	Zéphirin	5 9	6 51
28	Lune le	27	Ven.	Césaire.	5 11	6 49
29	27 à 8	28	Sam.	Augustin	5 13	6 47
30	h. 56 m.	29	12 D	Méderic.	5 14	6 46
1	du mat	30	Lun.	Fiacre.	5 16	6 44
2		31	Mar.	Ovide M.	5 18	6 42

jo. L.	Phaſ. de la	jo.	jo. de la Se.	Noms des Saints	Lev. d. Sol.	Couc. d. So.
3			Mer.	S. L. S. G.	5 h. 19	6 h. 41
4		2	Jeu.	Lazare.	5 21	6 39
5	Quart	3	Ven.	Sabine.	5 23	6 37
6	le 2	4	Sam.	Roſalie.	5 25	6 35
7	26 mi	5	13 D	Victorin.	5 26	6 34
8	apr. m	6	Lun.	Eleuthe.	5 28	6 32
9		7	Mar.	Cloud.	5 30	6 30
0		8	Mer.	Nat. N D	5 32	6 28
11	P.	9	Jeu.	Omer E.	5 33	6 27
12	Lune	10	Ven.	Nic. de T.	5 35	6 25
13	10 à 3	11	Sam.	Hyacint.	5 37	6 23
14	48 mi	12	14 D	Raphaël.	5 39	6 21
15	du fo	13	Lun.	Maurille	5 40	6 20
16		14	Mar.	Ex. ſte C.	5 42	6 18
17		15	Mer.	4 Tems.	5 44	6 16
18	D.	16	Jeu.	Euphem.	5 46	6 14
19	Quart.	17	Ven.	Lambert	5 48	6 12
20	le 18	18	Sam.	Sophie.	5 49	6 11
21	10 h. 2	19	15 D	Janvier.	5 51	6 9
22	minut	20	Lun.	Vig. Jeu.	5 53	6 7
23	du mat.	21	Mar.	Mathieu.	5 55	6 5
24		22	Mer.	Maurice.	5 56	6 4
25		23	Jeu.	Thécle.	5 58	6 2
26	N	24	Ven.	Gérard.	6 0	6 0
2	Lune le	25	Sam.	Firmin.	6 2	5 58
28	25 à 2	26	16 D	Juſtine.	6 4	5 56
29	h. 18 m	27	Lun.	Cô. & Da.	6 5	5 55
1	du mat	28	Mar.	Venceſlas	6 7	5 53
2		29	Mer.	Michel.	6 9	5 51
3		30	Jeu.	Jerôme.	6 11	5 49

OCTOBRE à 31 Jours la Lune 29. Sig. ♏

jo. L.	Phases de la L.	jo. m	jo. de la Se.	Noms des Saints	Lev. d. Sol.	Couc. d. Sol.
4	●	1	Ven.	Remy.	6 h 13	5 h 47
5	Pr.	2	Sam.	Ang. G.	6 14	5 46
6	Quart.	3 17 D	Denis A.		6 16	5 44
7	le 2 à	4	Lun.	François.	6 18	5 42
8	26 m	5	Mar.	Claude.	6 20	5 40
9	après	6	Mer.	Bruno.	6 22	5 38
10	midi.	7	Jeu.	Marc. P.	6 23	5 37
11		8	Ven.	Brigitte	6 25	5 35
12		9	Sam.	Denis.	6 27	5 33
13	P.	10 18 D	Paulin.		6 29	5 31
14	Lune le	11	Lun.	Firmin.	6 30	5 30
15	10 à 3	12	Mar.	Nicaise.	6 32	5 28
16	h. 18 m.	13	Mer.	Venant.	6 34	5 26
17	du soir	14	Jeu.	Caliste.	6 36	5 24
18		15	Ven.	Thérèse.	6 37	5 23
19	☾	16	Sam.	Gal. Abb.	6 39	5 21
20	D.	17 19 D	Cerbonet		6 41	5 19
21	Quart.	18	Lun.	Luc. Ev.	6 43	5 17
22	le 18 à	19	Mar.	Pierre Al.	6 44	5 16
23	10 h. 24	20	Mer.	Caprais.	6 46	5 14
24	min. du	21	Jeu.	Ursule.	6 48	5 12
25	matin.	22	Ven.	Cécile.	6 50	5 10
26		23	Sam.	Servant.	6 51	5 9
27	●	24 20 D	Magloir.		6 53	5 7
28	N.	25	Lun.	Crép. Cr.	6 55	5 5
29	Lune le	26	Mar.	Vincent.	6 57	5 3
30	25 à 2	27	Mer.	Vig. Jeu.	6 58	5 2
1	h. 18 m.	28	Jeu.	Sim. Jud.	7 0	5 0
2	du mat.	29	Ven.	Narcisse.	7 2	4 58
3		30	Sam.	Sim. Vig.	7 3	4 57
4		31 21 D	Quentin.		7 5	4 55

NOVEMBRE à 30 Jours la L. 30. Sig. ♐

jo. L. de la L.	Phases de la L.	jo. m.	jo. de la Se.	Noms des Saints	Lev. d. Sol.	Couc. d. Sol.
5	◐ Pr	1	Lun	*Touſſai.*	7 h. 7	4 h. 53
6	Pr	2	Mar.	*Trépaſſ.*	7 8	4 52
7	Quart.	3	Mer:	*Marcel.*	7 10	4 50
8	e 1 à 4	4	Jeu.	Charles.	7 11	4 49
9	h. 7 m.	5	Ven.	Hubert.	7 13	4 47
10	du mat.	6	Sam.	Léonard.	7 15	4 45
11	○	7	22 D	Achille.	7 16	4 44
12	P.	8	Lun.	Godefr.	7 17	4 43
13	Lune le	9	Mar.	Mathuri.	7 19	4 41
14	9 à 9 h.	10	Mer.	Juſte.	7 21	4 39
15	16 min.	11	Jeu.	*Martin.*	7 22	4 37
16	du mat.	12	Ven.	René.	7 24	4 36
17	☾	13	Sam.	Brice.	7 25	4 35
18	D.	14	23 D	Laurent.	7 27	4 33
19	Quart.	15	Lun.	Malo.	7 28	4 32
20	le 16 à	16	Mar.	Eucher.	7 29	4 31
21	7 h. 56	17	Mer.	Agnan.	7 31	4 29
22	m. du	18	Jeu.	Mandé.	7 32	4 28
23	ſoir.	19	Ven.	Eliſabeth	7 33	4 27
24	●	20	Sam.	Edme.	7 35	4 25
25	N	21	24 D	Pr. N. D.	7 36	4 24
26	Lune le	22	Lun.	Cécile.	7 37	4 23
27	23 à 1	23	Mar.	Clément	7 38	4 22
28	h. 3 m.	24	Mer.	Severin.	7 40	4 20
29	apr. m.	25	Jeu.	Cather.	7 41	4 19
1	◑	26	Ven.	Gén. Ar.	7 42	4 18
2	Pr.	27	Sam.	Maxime.	7 43	4 17
3	Quart.	28	1. D.	*Avent.*	7 44	4 16
4	le 30 à	29	Lun.	*Vig. Jeu.*	7 45	4 15
5	minuit	30	Mar.	*André.*	7 46	4 14

DECEMBRE à 31 Jours la L. 29. Sig.

jo. L.	Phafes de la L.	jo. m.	jo. de la Se.	Noms des Saints	Lév. d. Sol	Couc. d. Soi.
6		1	Mer.	Eloi. E.	7 h 47	4 h 13
7		2	Jeu.	Franc. X.	7 48	4 12
8	P.	3	Ven.	Bibiénne	7 48	4 12
9	Lune le	4	Sam.	Barbe.	7 49	4 11
10	9 à 1 h.	5	2. D	Sabas.	7 50	4 10
11	52 min.	6	Lun.	Nicolas.	7 51	4 9
12	du mat.	7	Mar.	Ambrois.	7 51	4 9
13		8	Mer.	Concepti.	7 52	4 8
14		9	Jeu.	Léocade.	7 53	4 7
15	D.	10	Ven.	Valère.	7 53	4 7
16	Quart.	11	Sam.	Damafe.	7 54	4 6
17	le 16 à	12	3. D.	Corentin	7 54	4 6
18	4 h. 42	13	Lun.	Luce.	7 55	4 5
19	m. du	14	Mar.	Nicaife.	7 55	4 5
20	matin.	15	Mer.	4. Tems.	7 56	4 4
21		16	Jeu.	Adelaïd.	7 56	4 4
22		17	Ven.	Lazarre.	7 56	4 4
23	N.	18	Sam.	Gatien.	7 56	4 4
24	Lune le	19	4. D.	Némefe.	7 56	4 4
25	23 à 1	20	Lun.	Macaire.	7 56	4 4
26	h. 58 m.	21	Mar.	Thomas.	7 56	4 4
27	du foir.	22	Mer.	Flavien.	7 56	4 4
28		23	Jeu.	Victoire.	7 56	4 4
29		24	Ven.	Vig. J.	7 56	4 4
30	Pr.	25	Sam.	NOEL.	7 56	4 4
1	Quart.	26	Dim	Etienne.	7 56	4 4
2	le 30 à	27	Lun.	J. Evan.	7 55	4 5
3	9 h. 56	28	Mar.	Innocens.	7 55	4 5
4	m. du	29	Mer.	Tho. C.	7 55	4 5
5	foir.	30	Jeu.	Sabin.	7 54	4 6
6		31	Ven.	Silveftre.	7 54	4 6

OBSERVATIONS ASTRONOMIQUES,

ET

PROPHETIQUES,

Pour les Mois de

JANVIER, FE'VRIER, MARS.

I.

BEAU début & bien digne de la Lune ! Commencer une Année par son 29me. jour, par la fin de sa course ! Que nous annonce une bizarerie de cette force ? . . . un bouleversement presque total dans le monde sublunaire & soi-disant raisonnable, c'est-à-dire,

Dans la femme & dans l'homme un Esprit à rebours,

Une

Une Raifon malade & toûjours en
    débauche,
Un envers de bon fens, un juge-
    ment à gauche, &c.

Ce jour même nous fait voir que le
Pronoftic commence à s'accomplir,
en effet

Quels font ces foux que, comme
    Lévriers,
On voit courir en foule par les rues
Et de *Paris* arpenter les quartiers?
Les Ennemis font-ils aux avenues?
On les croiroit à les voir s'empreffer...
Non, tout ce train n'eft que pour
    s'embraffer
Et fe jurer une amour mutuelle.
Dieu foit loué ! l'Exemple eft fort
    touchant,
Et doit fervir à chacun de modelle....
Gardez-vous bien d'en prendre un
    fi méchant ;
Car les trois quarts de ce Peuple
    infidelle,
Voudroient pouvoir, dans l'excès de
    leur zèle,
S'entr'étouffer en s'embraffant.

Voilà fans doute un contrafte bien é-
trange ; mais la chofe n'en eft pas
moins vraye, auffi la Lune & les Lunatiques fçavent-ils concilier les cho-
fes les plus oppofées. Beau dehors,
&

& d'étestable intérieur. Telle sera l'allure de ce Monde pendant le cours de la présente année . . . mais ne commençons point par attrister, par des réflexions Philosophiques, des Lecteurs que nous avons promis d'amuser & de faire rire. Présentons-leur pour cela un objet plus récréatif. Ce sont

I I.

Douze Enfants de Bacchus à table
Qui, le sixième de ce Mois,
Mangent, boivent comme le Diable,
Et s'imaginent être Rois.
La Table fait tout leur Empire.
Ils y régnent le verre en main.
J'aime mieux leur sort, à vrai dire,
Que celui de régner sur tout le genre
    humain.

Aussi ne le changeroient-ils pas contre celui de certains gros Seigneurs qui, depuis trois ou quatre ans qu'ils partagent le gâteau, n'ont encore pu venir à bout d'attraper la fève ; ce qui est un grand crèvecœur pour un d'entr'eux lequel se flattoit bien de faire chanter cette année, *le Roi boit* ; mais il s'est vu lui-même obligé de chanter *Turelututu Rengaine, Rengaine, Rengaine.* O fortune ! voilà de tes travers & de tes vilains tours. Il est aussi noir que celui qu'a joué à
    nos

nos pauvres Patriotes un fameux Perſonage qui fait le ſujet de Dixain ſuivant.

III.

Il eſt donc mort ! (le Ciel en ſoit beni !)
Ce vieux Penard qui, pendant quatre
    luſtres,
  Par ſon Miniſtère a terni
  Un Royaume des plus illuſtres.
  Enfin nous allons reſpirer
  Et ſa mort nous va délivrer
  Des fers où nous tenoit un Prêtre.....
  Tout beau, n'eſperez pas ceci.
  Dans T**. il vous laiſſe un Maître
Qui vous fera pleurer la mort de
    celui - ci.

- - - *Avulſo uno, non deficit alter.*

Telle fut, telle eſt, & telle ſera toûjours la maxime du Clergé. Il ne
tiendra pas à lui que le Bénéfice en
queſtion ne lui ſoit d'évolu à perpé-
tuité. Il eſt effectivement trop bon ;
& ces Meſſieurs ſont aſſez grands Poli-
tiques pour ne le pas laiſſer aller à
d'autres. S'ils en ſont les maîtres, Sain-
te Egliſe ! Quel domage que tous les
peuples du monde ne ſoient pas en-
trez dans ton giron ! Tes Miniſtres do-
mineroient par - tout, & ils compte-
roient encore plus d'Eſclaves, qu'il
n'y a de *cornards* ſur la terre.....
                         Belle

Belle chute, dira quelque dévot Lecteur! Qu'elle eſt bien digne d'un écrivain Lunatique! je l'avoue. Mais eſt-on maître de ce qui ſe paſſe dans la Région Lunaire & des influences qu'elle envoye? Pas plus que ne l'étoit de ſa riſible deſtinée le Cocu qui fait le ſujet de la prédiction ſuivante.

I V.

Certain Epoux, grand coureur de
      Donzelles,
Et peu fidel à l'Amour Coniugal,
Pour coqueter quelques gentes fe-
      melles,
Par un beau ſoir ira courir le Bal
A l'Opera, ſon Epouſe avertie
De ce projet, auſſi-tôt s'y rendra
Incognito, pour troubler la partie.
   Auſſi-tôt qu'il l'apercevra
   Amoureux il en deviendra,
   Puis la main il lui baiſera,
   Puis avec elle il danſera,
   Puis après il la ménera
   Au Paradis de l'Opera,
   Puis *illec* la cajolera,
   De ſon mieux l'aprivoiſera.
   D'abord elle ſe déffendra;
   Mais ſi fort il la preſſera,
   Qu'enfin elle lui laiſſera
   Faire tout ce qui lui plaira.
   Le gaillard y procédera
   Si bien, qu'il ſe cocuſiera.
Alors

Alors il la reconnoîtra,
Et vivement la tancera,
Cent vilains noms lui donnera,
L'apellant Pute & *cætera*.
Et même il l'apostrophera
De quelques coups. Lors on viendra
Entre eux deux mettre le Hola
L'Avanture grand bruit fera
Et chacun en raisonnera
Tout comme bon lui semblera,
Celui - ci la justifiera,
Cet autre la condamnera ;
Enfin si loin la chose ira
Que sur ce l'on consultera
La *Sorbonne* qui, pour cela,
Tous ses Docteurs assemblera.
Ce cas les embarrassera.
Chacun ses bésicles prendra,
Et ses Casuistes ouvrira
Pour voir ce que sur ce point-là
Ont écrit Mathieu de Moya,
Escobar, Vasquez, Diana,
Tamburin, Kouink, Molina
Et tous les fils de Loyola ;
Mais en vain on feuillétera
Tous leurs Lubriques *Opera*.
Pas un mot on n'y trouvera
De ce que l'on y cherchera,
Si bien qu'étant tous à *quia*,
Après six mois, on enverra
Toute l'Histoire au Saint Papa
Qui de tout son cœur en rira
Comme l'Auteur qui la rima
Et le Lecteur qui la lira.

Est-

Eſt -il effectivement rien de plus comique que tout ce vacarme & ces
conſultations pour ſçavoir ſi un homme eſt Cocu ou non ? Si tous les
Maris de *Paris* à qui leurs femmes
en plantent tous les jours agiſſoient
de même, la *Sorbonne* auroit la tête
rompue de ces ſortes de cas de Con-
ſcience, & ne pouroit ſuffire à les
décider. Car comme l'a fort bien dit
un Ecrivain qui étoit parfaitement au
fait de la matière, ayant lui - même
l'honneur d'être de cette nombreuſe
Confrérie ;

,, C'eſt-là que l'on en voit de toutes
  ,, les eſpèces
,, Qui ſont accommodez chez eux de
  ,, toutes piéces.
,, L'un amaſſe du bien dont ſa fem-
  ,, me fait part
,, A ceux qui prennent ſoin de le
  ,, faire Cornard.
,, L'autre, un peu plus heureux, mais
  ,, non pas moins infâme,
,, Voit faire tous les jours des pré-
  ,, ſents à ſa femme,
,, Et d'aucun ſoin jaloux n'a l'eſprit
  ,, combatu,
,, Parce qu'elle lui dit que c'eſt pour
  ,, ſa Vertu.
,, L'un fait beaucoup de bruit qui ne
  ,, lui ſert de gueres.

,, L'au-

„ L'autre en toute douceur laisse al-
     „ ler les affaires,
„ Et voyant arriver chez lui le Da-
     „ moiseau,
„ Prend fort honnêtement ses gands
     „ & son manteau. . . .
., L'une de son galant, en adroite fé-
     „ melle,
„ Fait fausse confidence à son époux
     „ fidelle
„ Qui dort en sûreté sur un pareil
     „ appas,
„ Et le plaint ce galant des soins
     „ qu'il ne perd pas.
„ L'autre, pour s'excuser de sa Ma-
     „ gnificence ,
„ Dit qu'elle gagne au jeu l'argent
     „ qu'elle dépense
„ Et le Mari Beneft , sans songer à
     „ quel jeu,
„ Sur les gains qu'elle fait rend des
     „ graces à Dieu.

Voilà le train journallier de notre
bonne ville de *Paris*. Après cela,
Pauvres & vrais Badauts que nous
sommes , glorifions - nous de notre
Noblesse & de notre Légitimité ! Ne
font-elles pas bien constatées l'une &
l'autre ? A peu près comme celle du
Pere du Héros qui vient ici se pré-
senter.

V.

Quel est ce bel Adolescent

Qui

Qui vient du fond de l'Italie,
Et dans le froid le plus cuisant
Quitte en étourdi sa Patrie?
Où court-il, où veut-il aller?.....
Se faire, dit-il, installer
Au Trône qu'ont eu ses Ancêtres......
Oui vraiment! C'est bien pour son
   nez!
  Qu'il s'en retourne vers ses Prêtres.
Le Sceptre n'est pas fait pour des Rois
   détrônez.

Le premier devoir & la première qualité requise dans les Rois, est de sçavoir conserver leur Couronne. Sans cela, il faut qu'ils y renoncent absolument. Aussi n'en voit-on guére dans l'Histoire qui l'ayent recouvrée après l'avoir perdue. Si le grand-Pere de l'*Adolescent*, dont il est ici parlé avoit voulu lui transmettre la sienne, il n'auroit pas du l'abandonner lâchement comme il fit. La Prophétie suivante justifiera cette Réflexion, & fera voir que le Ciel même s'oppose à ces ridicules réclamations.

V I.

Pour porter la Rébellion
Au sein d'une Terre étrangère,
Un certain Ministre brouillon
Fera marcher vers la frontière
Les troupes de sa Nation;

Puis

Puis attendra l'occasion
D'exécuter son projet téméraire.
Après avoir long - tems , caché leur
        vrai dessein ,
    Elles s'embarqueront enfin ;
    Mais bientôt la Mer en furie
    En absorbant une partie ,
    Leur fera rebrousser chemin.

Tout inanimez & d'épourvus de
raison que sont les Eléments, leur
conduite est mille fois plus équitable
que celle des hommes qui , à les bien
priser , sont les plus vilaines & les
plus méchantes créatures de ce vaste
Univers. Sans le secours du redoutable Elément dont il est ici parlé,
cette *Terre Etrangere* , grace aux d'é-
testables intrigues de l'homme en
question , devenoit le Théatre de la
plus sanglante des Révolutions. Mais

,, Le Ciel qui met un frein à la fu-
        ,, reur des flots
,, Sçait aussi des Méchants arrêter les
        ,, complots.

Sans cela , où en serions - nous dans
la fureur qui anime aujourd'hui la
moitié de l'Europe contre l'autre ?
C'est pour prévenir de pareilles Révolutions que

V I I.

Le Dieu d'Himen, & son frere l'Amour,
                            Chez

Chez les Peuples Hiperborées,
Iront ensemble faire un tour
Pour raſſûrer dans ces contrées
Deux Couronnes mal aſſurées.
L'Amour d'abord commencera,
Et l'Hïménée achévera,
Des Alliances deſirées
Dont graces au Ciel on rendra.
La choſe très à-point viendra;
Et le couple Royal très bien s'en trou-
    vera !
Car, eut-il quadruple fourure,
L'Hiver ſi rigoureux ſera,
Qu'il ne fera pas bon (c'eſt moi qui
    vous l'aſſûre)
Coucher ſeul dans ce païs-là.

Væ Soli ! *Malheur à celui qui eſt ſeul !* S'écrie l'incomparable & le Divin *Salomon.* Auſſi ce Roi, le modelle des Rois, cet exemple, ce Tréſor inépuiſable de Sageſſe, avoit-il ſept cent Reines, & trois cent Maitreſſes qui lui ſervoient l'Hiver a réchaufer & à entretenir ſa ſageſſe. En cela il ne faiſoit que ſuivre l'exemple que lui avoit donné Monſieur ſon Pere qui ne pouvoit s'en paſſer, même dans ſa vieilleſſe. Il n'eſt point en effet de meilleur préſervatif contre le froid, comme le Burleſque *Scaron* le fait dire à la très compatiſſante ſœur de *Didon,* dans les vers ſuivants.

                ,, Pre-

,, Prenez vîte un Amant nouveau,
,, Et vous l'apliquez fur la peau,
,, Il n'eft point meilleure fourure,
,, &c.

Auſſi eſt-ce ce que pratiqueront nos Dames Françoiſes qui, quoique bien éloignées des Païs du Nord, n'en ſont pas pour cela moins frilleuſes. Elles ſe trouveront ſi bien du préſervatif, qu'elles feront même durer l'hiver juſqu'au Printems, & par delà, du moins s'il en faut croire la prédiction ſuivante.

VIII.

O le bon tems que ce ſera
Pour l'Amant & pour la Coquéte,
Quand le Mois de Mars reviendra!
Pendant que l'Officier ira
S'illuſtrer par quelque Conquête
Et chercher des Lauriers au milieu des
    Hazards,
Sa galante Moitié couronnera ſa tête
De celui que *Vulcain* reçut jadis de
    Mars.

Sera-ce un ſi grand mal?... Oui! ſelon certaines gens; & non, ſelon d'autres. Pour moi je ſuis de la dernière opinion, & j'ai de mon côté la grande raiſon de l'intérêt de l'état qui doit l'emporter ſur tout. Outre
que

que nos Dames ne font nullement
caufe de la guerre qui vient très *in-
congrument*, les fevrer de leurs plaifirs, la raifon du Bien public, & l'in-
terêt du Roi même éxigent, permet-
tent, ordonnent, que tandis que le
Mari court affronter la mort, fa pru-
dente moitié travaille à lui donner un
fucceffeur & un héritier : *Ergo*

OBSERVATIONS ASTRONOMIQUES

ET PROPHETIQUES

Pour les Mois d'

AVRIL, MAI, JUIN.

I.

CEtte Saison, qui fait éclore
Les aimables préſents de Flore,
Ne devroit de même à nos yeux
Préſenter, de la part des hommes,
Rien que de beau, de gracieux.
Il eſt vrai ; mais helas ! nous ſommes,
Par malheur, dans un tems pervers
Où la LUNATIQUE influence,
Malgré la plus belle apparence,
Fera tout aller à l'envers.

Les Prédictions & obſervations ſuivantes

vantes ſerviront d'éclairciſſement & de
preuves à ce Prophétique préambule.

I I.

Enfin ils ſeront terminez,
 Ces grands débats depuis ſi long-
  tems nez,
  Entre le fougueux *Moliniſte*
  Et le rigoureux *Janſéniſte*.
  Déſormais on n'entendra plus
  Parler de l'*Unigenitus*,
  Non plus que de leurs formulaires.
  Déſormais ils vivront en frères.
Les fils de *Loyola*, devenus complai-
  ſants
  Aimeront les *Anti-Bullaires*;
  Et l'on verra les *Appellants*
  Chérir les *Convulſionnaires*.
Quel changement ſubit! O Bien-heu-
  reuſe Paix,
Quand commencerez vous à paroi-
  tre!.... jamais.

Cette prédiction me rapelle une ré-
plique ingenieuſe que fit un Baron de
ma connoiſſance à un de ſes amis.
Voici à quelle occaſion. Le Comte
D**. grand eſprit fort, mais pour
tout le reſte un des plus aimables
Seigneurs qu'il y ait dans le monde,
avoit de tems en tems avec le Baron
D**. des entretiens ſur les points
capitaux de la Religion. La Divinité
&

& les adorables attributs qui consti-
tuent son essence étoient le sujet ordinaire de ses conversations ; car pour
les Mystères, il falloit bien se garder
d'en ouvrir seulement la bouche au
Comte, à moins qu'on ne voulut se
brouiller avec lui. Le Baron, après
avoir épuisé sur ce sublime sujet tout
ce que pouvoient lui fournir les lu-
mières de sa raison & le peu d'étude
qu'un homme du grand monde a ordinairement sur ces profondes & su-
blimes matières, le Baron, dis-je,
proposa au Comte quelques Confé-
rences avec le célèbre Père *Tournemi-
ne* Jésuite. ,, Hé mon ami, lui re-
,, pliqua le Comte, que me propo-
,, sez-vous là ! Nous en aurions pour
,, une éternité ; encore au bout de ce
,, terme, serions-nous moins avancez
,, qu'en commençant. Ne sçavez-vous
,, pas que ces gens-là ne finissent ja-
,, mais lorsqu'ils ont une fois entamé
,, quelques disputes ? Jugez-en par
,, celle qu'ils ont avec les *Janséni-*
,, *tes.* Il y a près de deux cents ans
,, qu'elle dure ; Elle en durera, pour
,, le moins, encore autant ; & si nous
,, pouvions alors être encore au mon-
,, de, je gagerois d'avance sur ma
,, tête, qu'elle ne seroit pas encore
,, terminée " Sur quoi le Baron fit
en prose, au Comte la réponse con-
tenue dans les vers qui suivent

B

,, Où

„ Où pouvez-vous trouver des preu-
„ ves plus réelles
„ Contre l'Erreur qui vous dé-
„ çoit ?
„ Leurs difputes & leurs que-
„ relles
„ Sont , me dites-vous, éter-
„ nelles ;
„ Et vous ne voulez pas que leur
„ Maître le foit !

O ! que l'Europe feroit à plaindre s'il
en arrivoit de même de la vive & fan-
glante querelle qui partage aujour-
d'hui l'Europe ! Mais les armes & la
valeur du Prince qui vient s'offrir à
nos yeux y mettront bon ordre.

I I I.

Quel eft ce nouveau Prince *Eugène*,
Ce Héros favori de *Mars*,
Qui chez nous de la Cour de *Vienne*
Vient arborer les étendars ?
Quoi ! le *Rhin* , & tous nos rem-
pars
Céderont au feul bruit que fait fa re-
nommée ?
N'avons-nous donc aucune armée
Que l'on puiffe oppofer du moins à
fes regards
Et qui raffure un peu nôtre *France*
allarmée ?

Las !

Las ! nous en avons trois ; mais pas un seul *Villars*.

LES bras, les jambes, & les autres membres sont sans doute des choses essentielles dans un corps, puisque sans cela ce ne seroit qu'une masse informe, incapable d'aucune opération. Mais si ce corps n'a une tête pour le conduire, il est lui-même incapable de rien opérer. Qu'il y aura cette année de corps *Acéphales* ! Que d'Eglises, que de Chapitres, que de Communautez, que de Parlements, que de Conseils, que d'Armées, que d'Assemblées, que de Sociétez sans têtes. La Lune y voudra suppléer en offrant de prêter la sienne à ceux qui en auront besoin. Beaucoup accepteront son offre. Folles entreprises, & encore plus folle présomption ! Echantillon & preuve dans l'Observation suivante.

IV.

Où courez-vous, braves *Fran-*
çois,
Avec cet attirail de guerre !
Allez-vous, ainsi qu'autrefois
Firent les enfans de la Terre,
Sur ces affreux rochers escaladant
les Cieux,
Par un projet audacieux,

 For-

Forcer le Maître du Tonnere
D'abandonner pour vous son séjour
  glorieux ?
On le diroit à voir cette ardeur peu
  commune
  Qui pétille dans tous vos yeux....
Monsieur l'Observateur, raisonnez un
  peu mieux.
  Nous croyez-vous aussi foux
  qu'eux
  Pour tenter pareille fortune ?
Notre projet n'est point de détrôner
  les Dieux ;
  Nous n'en n'avons envie aucune.
  Ce seroit un mauvais parti ;
  Mais nous allons avec *Conti*
  Faire un Empereur dans la Lune.

CETTE entreprise paroîtra sans doute des plus risibles à bien des gens ; elle n'en sera cependant pas moins vraye ; & l'on se mettra en devoir de l'exécuter avec toute la gravité, tout le sérieux, toute la Politique , tout l'appareil & toute la dépense imaginable. Pour le succès ce sera une autre affaire. Nos Observations ne nous en ont encore rien appris, mais aussi nous n'en sommes qu'au commencement du cinquiéme mois ; & il arrive, comme on le sçait, bien des Catastrophes en peu de tems ; témoin celles des deux Moines qui font le sujet de la Prédiction qui suit.

V.

V.

Deux Apoftats, l'un Difciple d'*Elie*,
Et le fecond, *Dominicain*,
Ayant tous deux fait même vie
Feront auffi tous les deux même fin.
Dans *Avignon*, un beau matin,
L'un laiffera fa vie au bout d'une fi-
celle,
Et l'autre, dans *Utrecht*, fautant d'une
efcabelle,
Par le Cordon auffi finira fon Deftin.
Dieu leur faffe miféricorde!
Si les Frocards vouloient ainfi tous
trépaffer,
O que d'Honêtes gens, pour s'en dé-
baraffer,
D'un très grand cœur leur donne-
roient la corde!

Mais malheureufement cette engeance, faite pour incommoder le genre
humain, eft un peu trop attachée à
la vie dont elle goute plus les plaifirs que qui-que-ce foit, & cela par
le beau principe qu'*ils n'ont que cela
dans le monde*, dit le facétieux Rabe-
lais. *Hé de par cinq cents millions de
charetées de Diables qui les puiffent emporter*, pourfuit cet Ecrivain défroqué
lui-même, *qu'eft-ce que les Papes &
les Rois y ont de plus?* Rien affuré-
ment. C'eft ce qui les fait auffi quel-

que-

quefois paroître les plus foux de tous
les hommes , puisque pouvant mener la vie la plus tranquille , la plus
délicieuse , la plus fortunée du monde , ils ne font cependant rien moins
qu'heureux.   Pourquoi cela ? C'eft que
la Lune qui les domine auffi bien que
leurs fujets , les précipite affez fouvent dans des projets Lunatiques dont
le malheureux fuccès empoifonne tous
leurs plaifirs.   Tel eft celui qu'on va
lire , & dont je ne conçois pas bien
encore le but.

V I.

Quelle eft cette effrayante Ligue
Qu'en certain lieu je vois tra-
    mer ? . . . .
Ah ! je reconnois-là l'intrigue
D'une Cour qui veut opprimer
Et renverfer la feule Digue
Qui s'oppofe aux projets qu'il lui plaît
    de former . . . .
Oui . . . . . Mais quel eft cet *Alé-
    xandre*
Qui fe charge de cet exploit ?....
Las ! Ce n'eft pas la peine de l'ap-
    prendre ;
Car dans deux mois il difparoît.

*Je n'ai fait que paffer , il n'étoit
    deja plus ,*

dit

dit quelque part un de nos Poëtes,
en parlant de ces Guerriers qui font
voler partout la Terreur devant eux.
On en poura dire autant de celui-ci.

VII.

Certain Bacha, non Bacha de *Tur-
quie*,
Mais d'un païs qui ne vaut guére
mieux,
Sur les confins de la *Hongrie*
Tombera comme un furieux.
Mais bientôt ce Torrent rapide,
Qui dans son cours n'aura pour
guide
Que son impétuosité,
Se dissipera dans sa route ;
Et l'Univers charmé de sa déroute
Rira de son adversité.

Telle est aujourd'hui la corruption
du siécle. Un homme quel qu'il soit,
fait-il une faute qui le précipite dans
quelque malheur, au lieu de le plaindre, on en ressent une maligne joye.
L'on en rit sous cappe ; on se dit à
l'oreille ce qu'on en pense si l'on n'ôse
pas le dire tout haut. Où est la Charité ! N'y en a t-il donc plus sur la
terre ? Pardonnez moi. Les Dames de
Paris nous en donneront ce mois-ci
un bel exemple dans l'Histoire Prophétique que vous allez lire.

                    VIII.

VIII.

Certain Petit-Maître folâtre,
Pour avoir crié le Hola
Contre un Acteur en plein Théâ-
tre,
Tout droit au *Fort l'Evêque* ira,
Bien s'entend qu'on l'y conduira ;
Car pour s'y rendre de lui-même,
Bien qu'ils soient tous d'une sotise
extrême,
Ne le croyez pas sot jusques à ce
point-là.
Le plus plaisant de tout cela,
Et qui fera voir jusqu'où va
La charité du Séxe en cette Ville-là,
C'est que pas une Dame (admirez
leur tendresse)
Du Spectacle ne sortira
Et ne voudra soufrir qu'on poursuive
la piéce,
Que ce bel *Adonis* dont le sort l'in-
tèrresse
Ne soit hors de ce gîte - là.
Pour cet effet chacune en ce lieu res-
tera
Jusqu'à minuit, & par - delà,
Menaçant d'y coucher, si l'on ne fait
paroître
Leur adorable Petit-Maître.
Cette obstination grand vacarme fera.
Toûjours tumultueux, & porté pour
les Belles,

Le

Le Parterre s'en mêlera,
Et prendra part à leurs querelles,
Jurant, pestant, siflant, huant & cæ-
tera
Exemt, Actrice, Acteur, & toute leur
séquelle
Et jusqu'au moucheur de chan-
delle
Qui ne peut-mais de tout ce Brou-
haha.
Pour appaiser ce grand vacarme
Chez *Marville* * l'on courera
Qui chez lui pour lors ne sera
Etant allé surprendre un Carme
Dans les bras de sa *Dalila*;
Enfin on le déterrera.
Ce Magistrat ne pouvant croire
Une si ridicule histoire,
Au spectacle lui - même ira
Où de ses deux yeux il verra
La Lunatique extravagance
Du plus beau monde de la France.
De tout son cœur il en rira,
Et sur le champ ordonnera
Qu'on aille tirer de sa cage
L'oiseau dont l'absence en ces
lieux,
Aura causé tout ce tapage.
Mais autre contre-tems fâcheux !
Les

---

* Lieutenant de Police de la ville
de *Paris.*

B 5

Les Acteurs, autre engéance folle,
Piquez de voir qu'on ne veut pas
Leur laisser débiter leur rôle,
Regagneront leur galetas,
Où mettant le brodequin bas,
Chacun ira faire ripaille
Aux dépens du sot spectateur
Qui s'entête & qui se chamaille.
Le Comique Législateur
Ordonnera vîte qu'on aille
Avertir l'Actrice & l'Acteur;
Mais où trouver cette Canaille?
L'un est à boire au Cabaret,
Et l'autre court le Lansquenet
La *Gossin* soupe à la *Courtille*
Avec trois ou quatre Seigneurs,
Et la charmante *Dangeville*
Entre deux draps vend ses faveurs
A Monseigneur de *Fontenille*.
   Enfin, à force d'arpenter
Les Cabarets & les Guinguétes,
On les fera tous rassembler
Et de nouveau représenter.
   Les Dames alors satisfaites
D'avoir triomphé de l'Exemt,
Pour marquer leur contentement,
Aplaudiront jusqu'aux soubrettes.
   Le Spectacle étant achevé,
Et le Soleil presque levé,
Chacun regagnera son gîte
Et s'ira coucher au plus vîte
Aussi content que l'eut été *Conti*,
S'il avoit pû s'emparer de *Coni*.

Quel-

Quelle gloire en effet d'être venu à bout
de triompher d'un Exemt de la Police &
de l'avoir, par sa constante fermeté,
forcé de rendre la liberté à un Petit-
Maître! Elle est vrayment digne d'un
Séxe à qui nous rendons tous homa-
ge, & à qui la Lune prodigue ordinairement ses plus grandes faveurs.

O B-

OBSERVATIONS

ASTRONOMIQUES,

ET

PROPHETIQUES,

Pour les Mois de

JUILLET, AOUT, SEPTEMBRE.

I.

Dans cette Saison, d'ordinaire,
Les Sangliers, les Renards & les Loups
Eprouvent des Mortels la fureur
  meurtrière
Qui les font par plaisir expirer sous
  leurs coups.
  Mais comme dans l'an où nous
  sommes
  Les choses au rebours iront,
  Pendant cet Eté, ce seront

Les

Les Loups, qui par plaiſir égorgeront
les hommes,

Qu'on juge par ce ſeul trait du Boul-
verſement horrible qu'il y aura dans
la Nature

Ah ! j'en frémis d'effroi ſeulement
quand j'y ſonge !
Cette Prédiction n'eſt pourtant point
un ſonge.

Le tems nous dévelopera cette épouvantable vérité qui ſe trouvera beaucoup plus vraye que tous les préten-
dus Miracles d'un certain Abbé *Jan-*
ſéniſte, auſſi-bien que ceux d'un tas
de vieux Moines pouris dont les *Cor-*
deliers farciſſent aujourd'hui leur Lé-
gende.

II.

Où Diable vont-ils déterrer
Toute cette obſcure Monaille
Qu'ils nous veulent faire honorer,
Quoique ce ne ſoit rien qui vaille?
Pour leur fabriquer des vertus
En vain leur eſprit ſe travaille,
En vain ils donnent force écus
Pour que leur nom juſqu'au
Ciel aille.
Pour moi, de tous les Gris-vêtus
Je ne donnerois pas la maille.

Je

Je ne ſçai ſi, à les bien payer, on
devroit en donner beaucoup plus
de certaines Conquêtes qu'on fera
ſonner fort haut, & qu'on nous fera
payer bien cher. Ce ſont celles qui
font le ſujet de la Prédiction ſuivante.

III.

Pour enlever à d'Innocens Voiſins
Deux Villes qui leur ont coûté de groſ-
    ſes ſommes,
Leur cachant avec ſoin nos fraudu-
    leux deſſeins,
Nous ferons avancer contr'eux cent
    vingt mille hommes.
    Qui les raviront de leurs mains.
De ce brillant Exploit, dont l'Equité
    murmure,
    Ne ſoyons pas ſi glorieux;
Car ils le reprendront bientôt, je
    vous le jure,
Si nous ne ſommes pas plus ſur nos
    gardes qu'eux.

Ce ne ſera point leur faute, au reſte, s'ils les perdent. Cette perte au
contraire, leur ſera auſſi glorieuſe que
cette frauduleuſe Conquête ſera peu
honorable pour nous. Attaquer à force ouverte un Ennemi déclaré dont on
a reçu quelque grand domage, ou qui
a commis envers nous quelque injuſ-
                tice

tice criante, voilà la premiere Loi de
la guerre; Voilà la vraye gloire, & le
vray devoir des Héros; Dépouiller,
sans le moindre sujet ni prétexte, un
Ami qui se confie en vous, le piller
dans le tems même qu'on l'accable
de caresses & de protestations d'Ami-
tié; c'est imiter & copier d'après Nature les honêtes-gens sur qui roule la
Prédiction qu'on va lire.

I V.

Après cent ans, & plus, d'Ido-
    lâtrie
    Autorisée au *Malabar*,
    Rome foudroira l'infamie
    Et le Culte de *Pillear.* *.
Pauvre *Benoît* , que ton ame cré-
    dule
N'aille pas se flatter que l'on t'obéira
    Ni que les Fils de *Loyola*
    Souscriront jamais à ta Bulle.
    Non, de cet Ordre Anti - Chré-
    tien
N'atens pas sur ce point la moindre
    complaisance.
Quoiqu'ils prêchent partout l'aveugle
    obéissance

A

---

* Infâme & Obscène Divinité des
Peuples du *Malabar*.

B 8

A tes Decrets ſur - tout en France,
Ils ne t'obéïront en rien.
De cette étrange réſiſtance
Bien des gens s'étonneront peu,
Ayant pour eux l'expérience...
Et de quoi?... que toûjours le Dia-
ble, en ce bas lieu,
Fut, & ſera mieux obéï que Dieu.

Cette expérience eſt auſſi ancienne que le Monde ; Témoins les deux premiers Animaux déraiſonnables qui nous ont tous plantés ſur ce Globe Sublunaire. Dieu eut beau leur parler, le Diable d'un ſeul mot l'emporta, l'a toûjours emporté depuis,

Et toûjours l'emportera,
Tant que le Monde durera.

Toute Lunatique, c'eſt-à-dire fantaſque & ſingulière, que ſera cette Année, les hommes iront toûjours leur même train ſur cet article-là. Ce ſera le ſeul ſur lequel ils ſeront invariables. Il n'en ſera pas de même du Théâtre mobile & changeant ſur lequel ſe joueront les deux Scènes ſuivantes.

V.

Pour avoir je ne ſçai quoi fait,
Trois Femelles des plus huppées,
Au-

Auront ordre d'en haut, de faire
    leur paquet
Et chez elles d'aller pleurer leurs é-
    quipées.
Cet ordre juste ou non, aura son
    plein effet.
    Mais les trois galantes Comères
    Feront tant, que, grace à l'A-
    mour,
    Elles reprendront à la Cour
    Leur place & leur train ordinaires,

    Tu sçais charmer
    Tu sçais désarmer
    Le Dieu du Tonerre
    Le Dieu de la Guerre, &c.

a dit quelque part un Poëte Liri-
que, en parlant de cette douce & in-
domptable passion. Ceux qui la connoissent par expérience, aussi-bien que
le lieu dans lequel cette *Scène* arrive-
ra, n'en seront pas plus étonnés que
de la Catastrophe suivante.

VI.

Après avoir près d'un aimable En-
    fant
Sacrifié les beaux jours de sa vie,
Certain Seigneur, pour son remer-
    ciment,
Se verra renvoyer avec ignominie.
    Chacun en sera consterné

          Et

Et prendra part à son injure.
Pour moi, loin d'en être étonné,
J'admire bien plutôt dans cette con-
    joncture
Comment sa vertu, sa droiture
A pu se conserver si long-tems & si
    pure
Dans un séjour empoisonné,

Que ce soit la Lune qui aura opé-
ré ce dernier Prodige, c'est ce que je
ne croirai jamais. Elle en est incapable. Pour la disgrace de ce Seigneur, l'honneur lui en est du. Elle est
digne d'elle. Ce sont de ses coups ordinaires. Etant femelle, pouroit elle
faire du bien ?.... Les deux tiers &
trois quarts & demi de nos Lecteurs
diront que non. On va pourtant voir
le contraire ; & cela par une Bizarrerie des plus.... Bisarres. Lisez, &
vous en conviendrez.

V I I.

Pour une Image de deux liards
Certain Prélat, qui n'est pas bête,
Par le plus simple des vieillards,
Fera rougir son couvre-tête.
Envain le Public glôsera
Sur ce Pontife Chatemite:
Cette récompense sera
Une preuve de son mérite.

Com-

Combien de ses Confrères donne-
roient effectivement tout ce qu'ils ont
pour obtenir la même faveur ! Con-
cluons de-là qu'il n'est pas toûjours
absolument vrai que *l'Argent fait
tout dans ce monde.* Dira-t-on qu'il en
a été de ce Chapeau comme du gros
Lot de la Loterie qui tombe assez souvent à des malotrus que la Fortune ra-
masse dans la boüe pour en faire ses
Favoris ? Ceux qui connoissent le mérite du personnage dont il s'agit ici,
assureront le contraire, comme ils at-
testeront l'incapacité & le peu de mérite de celui dont on va voir le Portrait.

VIIL.

Où vas-tu, mon pauvre *Daillon,*
Toi que de simple Postillon
Notre très noble Ministère
A, d'une insultante manière,
Près de l'Auguste *Elizabeth*
Fait son Plénipotentiaire ?
Va, croi-moi, trousse ton pa-
    quet,
Et reviens vîte en ta Patrie :
Telle Ambassade n'est ton fait ;
Hé ! qu'irois-tu faire en *Russie ?*
Vas-tu, comme *la Chétardie*
Y faire révolter un farouche sujet
Contre une Princesse accomplie ?
As-tu quelque nouveau projet

     Pour

Pour soulever contr'elle encore la *Tur-*
quie,
Ou la *Perse*, ou la *Tartarie*
Comme ce Marquis freluquet
Qui s'est couvert d'ignominie
Pour l'avoir tenté sans effet
Au péril même de sa vie ?
Reviens, je te le dis tout net,
Si tu n'y veux laisser ta tête & ton
bonnet.
La Cour d'*Elizabeth* ne soufre point
de Traître.
Tes yeux même ont été souvent té-
moins du fait ;
Et comme on a chassé honteusement
le Maître,
On pourroit bien de même y pen-
dre le Valet.

    La chose pouroit bien arriver com-
me il est dit ici. Cette femme-là est
une Comère qui n'entend pas raille-
rie sur ce sujet. Aussi ne sont-ce pas des
jeux d'enfant. Si même traitement
étoit fait à tous ceux qui travaillent
ainsi à tout bouleverser chez les autres,
la bonne-foi régneroit un peu plus
parmi ces Messieurs. Elle sera aussi
rare chez eux cette année, que le sera
la chasteté parmi le Clergé de l'un &
de l'autre Séxe. Preuve de cette dernière vérité dans la Prédiction suivante.

I X.

I X.

En rendez - vous avec Abbé poupin
    Une aimable & jeune Hirondelle *
Se trouvera le long d'un grand che-
    min
      Ayant fa Duégne avec elle.
Le marché fait, & l'argent dans la
    main,
La vieille ira fe mettre en fenti-
    nelle,
Le long d'un Bled, & le Gaillard
    foudain
Ira dedans avec la jouvencelle:
Mais nos Amants feront à peine en
    train
Qu'un Cordelier paffant par avan-
    ture

                Voyant

---

* ON appelle ainfi à *Paris* certaines Religieufes de l'Ordre de *Ste. Claire* qui viennent, tous les Printems, quêter dans cette grande Ville, & qui en remportent fouvent, l'hiver, dans leurs Couvents des fruits de leur incontinence & de la charité qu'elles ont elles mêmes eu pour les perfonnes qui leur ont fait l'Aumône. Je connôis un libertin d'Abbé qui a eu avec elles une avanture pareille à celle qui eft ici racontée.

Voyant la sentinelle, en homme ex-
pert & fin,
Devinera bientôt le reste de l'allure.
La vieille Sœur le voyant avancer,
Se mettra d'abord à tousser
Pour avertir l'Abbé, dans cette con-
joncture,
De gagner vîte son argent.
Le Cordelier par ce signe jugeant
Que la chose est comme il s'en
doute,
Au lieu de poursuivre sa route,
Prendra celle qui méne au rendez-
vous charmant.
La jeune Sœur l'apercevant,
Honteuse de se voir surprise,
Se cachera sous son Amant ;
Mais le Cordelier s'enflammant
A l'aspect des appas si chers aux gens
d'Eglise,
Lui fera bientôt lâcher prise.
Ce ne fera pas sans débat,
Sans déchirer & Capuce & rabat,
Sans coups de poing , & sans
combat
Qui feront accourir la vieille senti-
nelle
Pour appaiser tout ce sabat.

Cependant un jeune Prélat
Entendant, en passant , toute cette
querelle,
Des-

Descendra de caroſſe, & pour s'en é-
    claircir,
        Viendra droit où le bruit l'apelle.
        Sa préſence fera rougir
        La jeune & charmante Hirondelle,
        L'Abbé confus voudra s'enfuir,
Pour le frère *Frapart*, bien-loin de
        s'ébahir,
Choiſiſſant le Prélat pour juge en cet-
        te cauſe,
Il lui racontera naïvement la choſe,
        Apuyant beaucoup ſur les droits
        Et le Privilége ordinaire
Accordé par le Pape aux fils de Saint
        François
        Sur les filles de Sainte *Claire*.

        L'Abbé poupin à ce fort argument
        Oppoſera tout ſimplement,
        Que l'ayant richement payée
        La Sœur lui doit être adjugée.

        ,, Vos raiſons, dira le Prélat,
        ,, Sont excellentes, l'un & l'autre,
,, Vous avez votre droit, & vous, Pe-
        ,, re, le vôtre ;
        ,, Mais, Nous avons auſſi le nôtre
        ,, Confirmé par le *Concordat* ;
        ,, Partant, pour vuider ce débat
        ,, Et terminer votre querelle,
,, Je prens la jeune Sœur ſous ma
        ,, protection.

                        ,, Pour

„ Pour l'autre, vous pouvez prendre
　　„ vos droits sur elle ;
　　„ Mais faites-le sans passion ;
„ Adieu, pour couronner cette sain-
　　„ te action,
„ Je vous donne à tous trois ma bé-
　　„ nédiction. ”

Le saint homme, à ces mots, em-
　　menant sœur Christine
Dans son carosse la prendra,
Et dans son Palais se rendra,
Où, sçavoir ce qu'il en fera,
C'est ce qu'il faut ici que le Lecteur
　　devine.

Ce n'est pas effectivement faire
plaisir à un Lecteur que d'épuiser la
matière, & de ne lui laisser du tout rien
à faire. Son esprit aime à s'éxercer,
aussi bien que celui de l'Auteur,
principalement sur un sujet qui est,
qui fut, & qui sera toûjours à la
portée & du goût de presque tout le
genre humain....... Mais pendant
que nous nous égayons ici voici un
terrible rabat-joye.

X.

X.

Ciel ! Quelles mortelles allarmes !
Que vois - je ! Tout *Paris* en lar-
mes !
Amis ,   où courez - vous !   Qu'avez
vous ? Qu'est-ce enfin !
Le *Pandoure*, le *Warasdin*,
Le *Talpache*, le *Transilvain*
Et toute la fuite vilaine
Du vaillant Prince de *Lorraine*
Est - elle   au   Fauxbourg *Saint*
Martin ?
Ah ! Je vois le fujet d'une douleur fi
vive ,
Un Courier , qui de *Metz* arrive ,
Vous aprend que L O U I S va defcen-
dre au Tombeau ,
Que peut-être à l'inftant il expirê ...
Tout-beau !
Remettez-vous de ces allarmes ,
Ce grand mal fe diffipera ,
Et le Ciel fenfible à vos larmes ,
Dans quelques mois vous le rendra
Que dis-je ! Dans peu la Victoire
En ces lieux vous le renverra
Couvert d'une nouvelle gloire ,
Et chacun de vous le verra.
Ce fera pour lors qu'il faudra
Bien appréhender pour fa vie
Car fitôt qu'il y paroîtra ,

Vo-

Votre Quadruple Académie,
Pédants, Grimauts & *Cætera*.
Un chacun l'affaffinera
Et de Profe & de Poëfie,
Ce qui fi fort l'affoupira,
Que, tout au moins, il en aura
Pour quatre mois de Léthargie.

Rien de fi mortel que la flaterie & les mauvais Poëtes. Si nous fommes du nombre des derniers, comme nous l'avouons avec toute la fincérité & l'humilité dont nous fommes capables, du moins nos Lecteurs ne nous accuferont-ils pas de l'autre vice qui eft le plus fubtil poifon qu'on puiffe donner aux Princes, & le plus pernicieux & le plus fatal à leurs fujets. Cependant fi l'on en vouloit croire les Courtifans & les Sangfuës publiques, on ne tiendroit jamais d'autre langage dans le Monde ; témoins ceux qui font le fujet de l'Obfervation fuivante.

XI.

Certaines gens que la Vérité bleffe,
Fort mécontents d'ouïr certains difcours

Dont

Dont le sujet les intéresse,
Voudront en arrêter le cours.
Coups de bâton, *Bastille*, & cent au-
tres menaces
Seront pour cet effet d'abord mises
en jeu.
Oh, pour des gens d'Esprit, que c'est
l'entendre peu
Que de croire par là faire taire ces races!
C'est ignorer encor le point essen-
tiel . . . .
Ils sont pensionnez d'une Cour étran-
gère,
Dites-vous, pour répandre ainsi sur
nous leur fiel . . . .
Hé-bien agissez-en de la même manière;
Et puisque vous les craignez
tant,
Donnez-leur double paye, & je vous
suis garant
Que vous les ferez bientôt taire,

Ce n'est pas, en effet, avec le Vi-
naigre, mais avec le Miel qu'on at-
tire les Abeilles. Le premier irrite &
aiguise, le second émousse leur ai-
guillon. Il en a toûjours été de même des hommes. La violence, ne fit
jamais que les irriter. Le reméde
ici proposé fut toûjours le plus effi-
cace. Jugez s'il opéreroit dans un
tems où les Rois mêmes ne sont rien
moins

moins qu'infenfibles aux attraits de ce précieux Métal auquel ils facrifient quelquefois leurs Peuples, & jufqu'à leur Probité même.

OBSERVATIONS

ASTRONOMIQUES

ET

PROPHETIQUES

Pour les Mois d'

OCTOBRE, NOVEMBRE, DECEMBRE.

I.

CEtte Saison, utile encor plus
qu'agréable,
Enrichit les Mortels de mille fruits
divers.
Mais notre Race détestable
Ne produira, cet An, que des
fruits bien amers.

Il y a cinq mille sept cent quaran-

te cinq ans, moins quelques minu-
tes, qu'elle en produit qui ne valent
pas grand chofe & cela par une bonne raifon ; C'eft qu'*un mauvais Arbre
ne peut guere en donner de bons.* Ceux
que la Nature fait croître avec quelque mauvaife qualité fe bonifient,
d'ordinaire, avec le tems & les foins
que l'on prend de les cultiver. Plus
le Monde vieillit, plus on le prêche,
& pire il devient. Pourquoi cela ?
Demandez-le à la Lune. Demandez-lui,
en même tems, la raifon des extrava-
gantes barbaries qui font le fujet de la
Prédiction fuivante.

I L.

Quoi ! fur l'un & l'autre Hémis-
    phère
Toûjours on te tourmentera,
Nation autrefois fi chère
Et que Dieu, dit-on, préféra
Aux Peuples de toute la Terre !
Enfans de *Jacob*, dites-nous
Quel nouvel attentat ont donc commis
    les vôtres.
Que l'Europe vous porte encor de nou-
    veaux coups ?....
Hélas ! Chrétiens, comment nous le
    demandez-vous ?
Par vos malheurs jugez des nôtres,
Quel crime avez-vous commis tous,
Vous qui depuis trois ans, à l'exem-
    ple

ple des Loups
Vous égorgez les uns les autres

Exemplum ut Talpa, dit le vieu
Jean *Despautere* de *Grammaticale* m
moire. L'Exemple ici proposé eſt d
plus frapants, & le Parallelle des pl
juſtes. Le Sot & impertinent An
mal que l'Homme! *Taupe* pour ſ
propres actions, & *Linx* pour cell
des autres, il va demander à des i
fortunez dont ſa propre Brutalité fa
le malheur depuis près de deux mi
le ans, quels nouveaux crimes ils o
commis, pour être traitez auſſi dur
ment qu'ils le ſont encore aujou
d'hui preſque par toute la Terre. Hé
Qu'avons-nous donc fait, nous autr
Chrêtiens qui, depuis trois ans, no
égorgeons les uns les autres pour d
gens qui . . . . *Chut*. Imitons
Sageſſe & la Modération de ces E
fans de Jacob dont la conſtante & a
mirable Patience nous devroit fai
rougir, bien loin de les inſulter. A
tendons patiemment comme eux u
Libérateur qui mette fin à tous n
maux. Peut-être n'eſt-il pas loin
Qui ſçait ſi ce ne ſeroit pas le Hér
dont il eſt parlé dans l'Obſervation ſu
vante ?

I I I.

Quel eſt ce Héros admirable,
Dont l'œil ſuit à peine les pas,
Et dont l'ardeur infatigable
Vole de combats en combats ?...
C'eſt le Beau-Frère d'une Reine
Qui de tout l'Univers a ſçu gagner le
cœur.
C'eſt ſon Appui, ſon Deffenſeur,
De ſes Ennemis la Terreur,
De l'Europe le Protecteur,
Enfin c'eſt... *Charles* de *Lor-*
raine.

„ Trois mots de trop dans ce der-
„ nier Vers, diront la plûpart de mes
„ Lecteurs. Jamais Peintre, au bas
„ d'un Portrait parfaitement reſſem-
„ blant, s'aviſa t-'il de mettre ces
„ mots *Le Prince un tel, la Princeſ-*
„ *ſe une telle*, ſur-tout lorſque l'un
„ & l'autre ſont connus de tout l'U-
„ nivers ? „ *Meâ Culpâ.* Je l'avoue.
Pour n'y plus retomber je vais vous
laiſſer deviner celui ſur qui roule la
prédiction ſuivante. Il ne s'eſt auſſi
que trop fait connoitre.

I V.

IV.

En un Eté conquérir un Royaume,
  C'eſt ce que fit le Roi *Guillau-*
  me. *
En conquérir & perdre un en deux
  Mois,
C'eſt ce que l'on verra faire au *· *· *· *

Ce qui vient par le Tambour, s'en va,
dit - on, *par la Flute.* Ce Proverbe
s'accomplira à la lettre dans cette
rencontre. Au reſte le perdant s'en
conſolera par cet autre qui dit, que
Ce qui eſt bon à prendre, eſt bon à ren-
dre. O combien de Reſtitutions il y
auroit cette Année ſi tous les Souve-
rains ſe rendoient mutuellement ce
qu'ils ſe ſont pris les uns aux autres,
& ſi l'on ne gardoit préciſément que
Chacun le ſien! Mais *Attendez-les ſous*
l'Orme. Vous verrez plûtôt *Les Chiens*
prendre la Lune avec les dents. . . .
Atrape qui peut, ce ſera la grande
Maxime - pratique de cette Année.
Dans tout ce beau micmac, *Les uns*
batteront les Buiſſons pendant que les
  au-

---

* *Guillaume III.* Prince d'*Orange,*
Roi de la *Grande Bretagne.*

C

autres prendront les Oifillons. Grand Baccanal par toute l'Europe à cette occafion : *Qui en payera les Pots caf-fez ?* Belle demande ! Ceux qui les payent toûjours , & qui font de la trempe de ceux dont on va voir le Portrait.

V.

Pauvres Badauts , où courez-vous ?

Etes-vous donc devenus fous ?

Arrêtez ; voulez-vous que la rate vous crève ? . . . .

Nous n'avons pas le tems . . . . Pour-quoi ? . . . . Nous allons tous

Prendre part au feftin qu'on nous donne à la *Grève* . . .

O *Bons* Parifiens ! Ce n'eft pas fans raifon

Qu'on vous traite partout de Gruës ,

Et qu'on vous compare au Poif-fon

Qui , bêtement , va mordre à l'ha-meçon !

Allez , courez manger Cervelas , Sau-ciffon ;

Gorgez-vous de ce vin qui coule dans les Ruës.

Mais fongez qu'au retour , douze nouveaux Edits

Que

Que vous verrez tomber des
     Nuës,
Vous feront payer cher ce beau sal-
     migondis.

Le Peuple est Peuple partout, c'est-
à-dire Gruë, Poisson, & tout ce qu'il
y a de plus Bête. Celui-ci l'a toûjours emporté sur tous les autres.
Une Pinte de méchant Vin, un Feu
d'Artifice, une Farce, enfin un mo-
ment de joye lui fait oublier des années entières de chagrin & de pei-
nes. Aussi est-il apellé *Bon* par ex-
cellence, la *Bonne* Ville de *Paris*,
les *Bons Parisiens*. Quelle vache à
lait pour les Maltotiers ! Dieu sçait
aussi comme ils la pressurent ! & avec
raison ; car *Volenti non fit injuria*. En
voici un qui mériteroit d'être bien autrement traité, pour lui aprendre à
être un peu plus fidelle à ses Maîtres.

V I.

Après avoir changé de Maître qua-
     tre fois
Dans l'espace de trois années,
Certain Peuple, changeant encor
     ses destinées.
D'un cinquième Vainqueur accepte-
     ra les Loix.

De

De ce Peuple inconſtant ,   l'Infidé-
        lité même ,
Si vous êtiez le Roi , Lecteur,
        qu'en feriez-vous ? . . . .
Moi, pour les empêcher d'aller juſ-
        qu'au ſixième ,
Je les ferois, ma foi , ſur le champ
        pendre tous.

C'eſt ce que mérite leur infidélité,
& je ne ſache que la clémence de
leur incomparable Souveraine, qu'ils
ont déja ſi lâchement abandonné deux
fois, qui puiſſe les en ſauver. Qu'elle ſoit diſpoſée à le faire, c'eſt ce
dont je ne doute nullement ; Mais
qu'elle ſe ſouvienne auſſi de cette Sen-
tence de l'Empereur *Auguſte* dont elle imite ſi parfaitement l'Héroïſme.

Qui pardonne aiſément , invite à l'of-
        fenſer.

S'il lui faut un modelle & un exemple de ſévérité, qu'elle jette les yeux
ſur la conduite d'un de ſes plus mortels Ennemis qui , pour punir une
Ville de ſa conſtante fidélité à cette
Princeſſe, la traitera de la manière
qu'on va lire.

V I I.

VII.

Après avoir, à très grands frais,
Conquis une Place importante
Pour quelqu'un dont on dit qu'on
     prend les intérêts,
Par une injustice criante,
On la fera sauter en l'air deux jours
     après.
En vain, pour excuser de semblables
     projets,
„ Peut-elle, dira-t-on, être autre-
     „ ment traitée
„ Elle qui s'est envain si long-tems
     „ entêtée
„ Contre un Vainqueur venu de F**
     „ tout exprès
„ Et qui comptoit la voir en dix
     „ jours emportée ? „
     C'est ainsi qu'un flateur aprouve les
     excès.
Pour moi, qui d'un autre œil regarde
     les objets,
Je crois qu'elle devroit être plus res-
     pectée
Par un Vainqueur qui l'a lui - même
     cimentée
     Du plus pur sang de ses Sujets.
Plus les choses nous coutent cher,
plus il me paroît qu'elles doivent
être précieusement conservées, à moins
qu'on ne veuille imiter la conduite
du Personage qui fait le sujet de la
Prédiction suivante.

C 3

VIII.

VIII.

Pour déconcerter tous les Mas-
ques
Du dernier Bal de l'Opera,
Certain voisin des plus fantas-
ques
A sa maison le feu mettra.
Chacun alors déguerpira
Et de danser perdra l'envie;
Mais le Guet les arrêtera
Pour vîte éteindre l'Incendie,
Ce qui bien fort les fâchera.
Dites-moi, fut-il dans la vie
Un plus grand fou que celui-la.

Oui j'en sçais un dont la folie l'emporta encore sur celle-la. C'est cet
extravagant d'*Ephèse* qui se fit pen-
dre pour avoir mis le feu au Magni-
fique Temple que *Diane* avoit dans
cette Ville. Extravagance qu'il fit uni-
quement dans l'espérance d'immorta-
liser son nom qui seroit infaillible-
ment mis dans l'Histoire.

IX.

Que de gens aujourd'hui ressem-
blent
A cet insensé du vieux tems ?...
Qui font-ils ? .... Ce font ces fen-
dans

Qui

Qui par milliers sur le *Rhin* se raf-
    semblent
Pour aller disent - ils, tuer les Alle-
    mans....
    Ciel! ils ont donc perdu le sens?
    Ont - ils oublié les défaites
    Que dans ce païs on a faites
    De leurs Parents depuis deux
    ans?
    S'ils ne songent à la retraite
    Et ne délogent sans trompette
    Même fortune les attend....
Ils ont pour n'en rien faire un motif
    important....
Et quel est ce motif qui les anime
    tant?....
C'est que leur mort sera mise dans
    la Gazette.

A cela l'on n'a rien à dire.

    La Gazette! la Gazette! L'honneur
d'être mis dans la Gazette est une de
ces choses auxquelles on doit tout
sacrifier. Quoique l'incomparable *Molière* ait dit, & qu'il soit éxactement
vrai qu'

    „ On loue aujourd'hui tout le mon-
    „ de
„ Et le siécle par là n'a rien qu'on
    „ ne confonde.

                    „ Tout

„ Tout eſt d'un grand mérite égale-
„ ment doué.
„ Ce n'eſt plus un honneur que de
„ ſe voir loué ;
„ D'éloges on regorge ; à la tête on
„ les jette
„ Et mon Valet de chambre eſt mis
„ dans la Gazette.

La Gazette néanmoins eſt tout ce qu'il
y a de plus beau dans le monde.
C'eſt le Temple de *Mémoire* où tous
nos Guerriers aſpirent aujourd'hui de
voir leurs noms gravez : Femmes,
Enfans, Honneurs, Biens, Fortune,
leurs vies mêmes, Bagatelles que tout
cela auprès de l'honneur d'être mis
dans la Gazette. Vous aurez beau
leur dire que

La Gazette, ſur tout dans le ſiécle
où nous ſommes,
Fait ſeule les trois quarts du mé-
rite des hommes
Que ſouvent elle fait un Héros d'un
Poltron
Qui tremble & meurt de peur au
ſeul bruit du Canon,
Qui ſe tient loin des coups au fort
d'une Bataille,
Et ne va qu'en tremblant forcer
une muraille ;
Que c'eſt elle qui fait un Sçavant
éclairé

D'un

D'un homme qui souvent a le cer-
veau timbré,
Change en homme d'esprit un vieil-
lard imbécille,
Et nous donne un T** pour un
Ministre habile;

Nonobstant tout cela vous ne les en
ferez point démordre. Ils courront se
faire casser bras & jambes.   Ils iront
se faire égorger pour mériter une place dans la Gazette.   O genre humain
que l'on peut bien s'écrier ici avec le
plus judicieux Censeur que tu ayes jamais eu!

Tu dis que de tout tems la Raison
fut ton lot;
Moi je conclus tout net que l'homme n'est qu'un sot.

Nouvelles preuves de sa sotise dans
la Prédiction suivante.

X.

Pour courir à des jeux d'Enfant
Et voir jouer la Pantomime,
On abandonnera le grand,
Le plaisant, le beau, le sublime,
Et ce que le Théâtre a de plus ex-
cellent.
Ami Lecteur, de cette extravagan-
ce

Point ne faudra vous ébahir...
Pourquoi?... C'est que le Monde, à
    force de vieillir,
Commence à rentrer en Enfance.

Le Bon-Goût, le Discernement, la
Sagesse, la Prudence sont, dit-on,
les fruits de la maturité de l'âge. La
Prédiction précédente & celle qu'on
va lire prouvent que cette année,
grace aux *Lunatiques* Influences, ce
sera précisément tout le contraire.

XI.

Après avoir au Païs *Germanique*
De la Guerre allumé le funeste ti-
    son,
  Un certain Maréchal grison,
Aussi grand Général qu'il est grand
    Politique,
  Se laissera prendre comme un
    Oison.
  En vain, pour payer sa rançon,
  Il offrira mainte pistole,
GEORGES le laissera pourir dans sa
    prison ;
  Comme LOUIS XIV. du nom
Laissa pourir jadis son Pere à *Pi-
    gnerolle.*

Tel Pere, Tel Fils, dit le Prover-
    be ;

be. Le premier ruina la *France* par
ses exactions, & se ruina lui-même
par ses prodigalitez. Celui-ci, depuis
trois ans, a mis toute l'Europe au
pillage & en combustion. Par le châ-
timent du Père, qu'on juge de celui
que mériteroit le fils .... Celui que
mériteroient ceux qui exécuteront la
Prédiction suivante.

XIII.

Dans une Cour, à la fleur de ses
    ans,
  Une charmante *Dulcinée*
  Qui d'un Seigneur faisoit les agré-
    ments,
Verra par le poison trancher sa des-
    tinée.
  Ce coup hardi dans un pareil sé-
    jour,
  Etourdira mainte & mainte per-
    sonne.
  Pour moi, qui sçais ce que c'est
    que la Cour,
  Ce coup n'aura rien qui m'étonne.
    Dans un séjour empoisonné
Où jamais la Vertu n'a fixé sa de-
    meure
    Comment peut-on être étonné
  Que du poison quelqu'un y
    meure ?

La chose ne doit pas effectivement

pa-

paroître plus étrange que de voir mourir les hommes par milliers dans un tems de Peſte, & des Prélats vivre dans ce Séjour empeſté, comme a fait ſi long-tems celui qui fait le ſujet de la Prédiction qu'on va lire.

XIV.

Etre d'une ignorance extrême,
Sans eſprit, ſans Religion,
N'avoir qu'un fond d'ambition
Qui n'aſpire à rien moins qu'au triple Diadême;
Tel eſt, ſans adulation,
Le vrai portrait d'une Eminence
Qui ce Mois à *Madrit* mourra
(Son ordinaire réſidence
Qu'il devoit faire à *Malaga*)
O! combien de Prélats en *France*
Lui reſſemblent en tout cela!

Que trop; & cela grace au judicieux diſcernement de ceux qui les font. Mais les uns & les autres ne s'embarraſſent pas plus de ce qu'on peut dire d'eux, que cet Ordre Miſtérieux répandu, dit-on, ſur toute la Terre où il ſubſiſte depuis le commencement du Monde, & qui néanmoins y eſt ſi peu connu & ſi peu reſpecté, comme on le verra par la Prophétie ſuivante.

X V.

XV.

Pour avoir gardé le Secret
Qu'aux *Fra-Maçons* leur Régle
    ordonne
L'*Inquifition* de *Lisbonne*
Aux Galères en enverra fept.
L'occafion fera très belle
Pour faire paroître ce zèle
Et cet amour fi généreux
Qu'ils ont, dit-on, pour cha-
    que Frère
Mais je crains que ces malheu-
    reux
De cette Charité ne fe reffentent guère,
    Puifqu'ils laiffent dans la mifère
    Ceux même qu'ils ont fous les
    yeux.

S'ils méritent d'être ainfi traités, com-me il n'arrive que trop fouvent, par leur indolence ou leur mauvaife conduite, cette dureté apparente n'a rien de condamnable. L'Ordre *Fra-Maçoni-que* n'a pas le Privilége des Ordres Monaftiques qui, depuis plus de fept à huit cens ans, font en poffeffion d'entretenir dans l'abondance, & quelquefois même dans la crapule, des milliers de fainéants qui désho-norent leur Inftitut. La première

Maxi-

Maxime des *Fra-Maçons* ſur ce point,
eſt celle qui fut dite au Charetier
embourbé de la *Fable.*

Aide-toi ; le Ciel t'aidera.

En agir autrement, ce ſeroit donner dans un travers preſque auſſi ridicule & d'une auſſi pernicieuſe conſéquence que celui du perſonage ſuivant dont bien des gens ne pouront
ſans doute lire l'imprudente démar-
che ſans indignation , ou du moins
ſans hauſſer les épaules.

XVI.

Certain Seigneur de *Germanie*,
Pour diſſiper ſon Or & ſon ennui,
A très grands fraix fera venir chez lui
Une mauvaiſe Comédie
Telle que l'on en voit en grand nom-
bre aujourd'hui.
Mais ce n'eſt pas-là tout. Le trait
le plus comique,
C'eſt que dans ce ſale Tripot
Il choiſira certain Magot
Pour élever ſon fils unique.
Ami Lecteur, ſans être ſatirique
Dis-nous lequel des deux, du Père,
ou d'*Urigot*
Mérite mieux le trait Cauſtique.
Ni

Ni l'un ni l'autre, à mon avis. Qu'est-ce en effet que la vie de ce monde & de presque tous les Grands, sinon une Comédie continuelle ? Telle est du moins l'idée & la définition que nous en a donnée un célèbre Poëte qui connoissoit parfaitement l'un & l'autre & qui s'exprime ainsi

Ce monde - ci n'est qu'un Oeuvre Co-
mique
Où chacun fait ses rôles différents
Là, sur la Scène en habit Drama-
tique
Brillent Seigneurs, Princes & Con-
quérants, &c.

Ne voilà - t - il pas la Comédie peinte d'après Nature avec tous ses personages, tous ses rôles &c. ? il ne tiendra qu'au jeune Elève de l'Histrion *Pédantifié* de choisir & d'étudier celui qu'il voudra par la suite jouer sur le grand Théâtre du Monde. Mais il est à présumer qu'il ne poura le faire que très pitoyablement, son digne Précepteur ne valant pas le Diable. Ce dernier se donnera néanmoins

C 8

moins pour un grand-homme auprès
des perfonnes, auffi fenfées que le
perfonage qui fait le fujet de notre
derniere Prédiction.

XVII.

Dévoré de la foif de l'Or,
Un certain Seigneur Alchymifte,
Dans l'efpoir d'augmenter fes biens &
fon tréfor,
Cherchera ce grand Art que maint &
maint Sophifte
Se flatte de trouver encor
En décompofant la Nature
Et donnant aux Métaux une autre
Contexture.
Souflets, Fournaux; Creufets, Alam-
bic & Charbon,
Et Poudre de *Projection*
Et maint autre brinborion
Pour en faire l'expérience
Auffi-tôt entreront en danfe.
Fer, Cuivre, Etain, Argent, tout ira
dans le feu
Pour effayer & voir un peu
A tirer cette rare & riche *Quinteffence*
Qui forme ce Métal dont on fait tant
de cas.
Notre homme à cet effet employera
maints Ducats

Dont

Dont insensiblement il vuidera la
        bourse ;
    Mais il n'en murmurera pas
Comptant bien de trouver une riche
        ressource
    Dans ses Creusets & ses Matras.

Cependant sa Moitié , très belle &
        très fringante,
Possedée , à son tour , d'un sembla-
    ble desir
        De s'enrichir ,
    S'y prendra pour y réussir
    D'une façon peu différente,
    Dont le récit fera plaisir
    A tout Lecteur d'humeur ga-
lante.

Dans un Fourneau construit par la
        Nature exprès,
Fourneaux d'où Cupidon décoche tous
        ses traits,
Fourneaux où sans charbon la Natu-
    re sans cesse
    Entretient un feu dont l'ardeur
    Fait tant de bien à notre espèce,
Fourneaux dont le nom seul fait tres-
        saillir le cœur
D'un jeune & tendre Amant qui pen-
    se à sa Maîtresse :
    C'est dans cet aimable Fourneau
    Que l'incomparable *Artemire*

C 9

Trou-

Trouvera le Tréfor nouveau
Après lequel fon cœur foupire.
Pour mieux y réuffir, elle s'affociera
Princes, Seigneurs, Barons, Comtés
& *cætera*,
Tous gens pécunieux dont l'Ame li-
bérale
A pleines mains viendra jetter l'Or au
creufet,
Réalifant ainfi le prétendu fecret
De la Pierre Philofophale
Que fon Cornard d'Epoux vainement
cherchera.
Pendant que ce dernier nuit & jour
fouflera,
Sa Moitié, dans les bras de fes A-
mants prodigues,
Pour faire venir l'Or n'aura d'autres
fatigues
Que de remuer le Creufet.
O Combien, à Paris, de femmes en
fecret
Font fortune aujourd'hui par de telles
intrigues !

Cette Prédiction, au noms près, eft
fi claire, & le dernier article eft fi
ordinaire parmi nous, que pour peu
que le Lecteur connoiffe le train de
nos femmes, il n'a pas befoin ici
d'une plus ample explication. S'il
n'eft pas au fait de nos Us & Coû-
tu-

tumes, la piéce fuivante l'en inftruire à fond, & lui donnera de notre Nation, la jufte idée qu'il en doit avoir.

          CHAN-

CHANSON

Sur l'Air : *Voilà la différence.*

1.

A la Cour, dans tous les tems,
  On vit des hommes prudents,
C'étoit l'usage en France.
Mais à celle de L**
Que voit-on ?.... des étourdis ;
Voilà la différence.

2.

Dans les grands Emplois jadis
Gens de mérite étoient mis,
C'étoit l'usage en France.
Mais pour aujourd'hui, *Venus*
Les donne aux premiers venus ;
Voilà la différence.

3.

3.

Jadis le Conseil tenoit
Ce que son Prince juroit,
C'étoit l'usage en France ;
Mais ce qu'il jure aujourd'hui
Demain est anéanti ;
Voilà la différence.

4.

Dans nos Guerres autrefois
L'Equité régloit nos droits,
C'étoit l'usage en France.
Nous la faisons aujourd'hui
Pour prendre le bien d'autrui ;
Voilà la différence.

5.

Avec nos Voisins jadis
Nous vivions en vrais amis,
C'étoit l'usage en France.
Aujourd'hui, comme des foux,
Nous leur cherchons noise à tous ;
Voilà la différence.

6.

Autrefois nos Généraux
Triomphoient de nos rivaux,
C'étoit l'usage en France.
Tout est bien changé depuis,
Partout ils sont déconfits ;
Voilà la différence.

7.

Au bon vieux tems, à Paris
On courtisoit les Maris ;
C'étoit l'usage en France :
Mais les Maris, à leur tour,
Aux Galants y font la cour ;
Voilà la différence.

8.

Nos Magistrats autrefois
De *Thémis* dictoient les Loix
C'étoit l'usage en France.
Mais aujourd'hui les *Laïs*
Dictent les Loix de *Thémis* ;
Voilà la différence.

9.

Jadis Abbez & Prélats
Vivoient en Saints ici-bas,
C'étoit l'usage en France.
Mais aujourd'hui leur séjour
Est, d'ordinaire, à la Cour ;
Voilà la différence.

10.

Jadis le Peuple en repos
N'avoit presque point d'Impôts,
C'étoit l'usage en France.
Mais les T**. les O**.
A la besace l'ont mis.
Voilà la différence.

11.

Jadis les femmes chez nous
S'en tenoient à leurs époux,
C'étoit l'usage en France.
Les notres à leurs Maris
Joignent quatre Favoris;
Voilà la différence.

12.

Autrefois les bons Auteurs
Enrichissoient les Acteurs
C'étoit l'usage en France;
Mais, par un revers fatal;
Tous deux vont à l'Hôpital;
Voilà la différence.

13.

Jadis les sages Mamans
Gardoient leurs Tendrons charmants,
C'étoit l'usage en France;
Mais à douze ans aujourd'hui
Leur Pucelage est parti;
Voilà la différence.

14.

Dans tous les Etats jadis
On trouvoit de vrais amis
C'étoit l'usage en France;
Mais par les siens aujourd'hui
Un chacun se voit trahi;
Voilà la différence.

De toutes les Nations
Jadis ſes perfections
Faiſoient chérir la France ;
Mais dans ce Siécle pervers,
Comme tout va de travers,
Ciel ! quelle différence !

FINIS

CORONAT OPUS.

ront leurs actions avec le cours de cette Planette Folle & Vagabonde.

Cependant comme, dans les Affaires Civiles, on suivra les Dattes ordinaires, j'ai cru devoir joindre à ce Calendrier extraordinaire celui du Soleil, pour ne pas introduire dans le Monde une confusion qui ne sera déja que trop grande par les folies sans nombre que l'on verra faire au Genre Humain, & dont on trouvera dans ce petit Ouvrage quelques échantillons, je ne doute point qu'il ne fassent autant de plaisir à la plûpart de mes Lecteurs, qu'ils pouront déplaire aux LUNATIQUES qui y trouveront leurs portraits & leurs Histoires; Mais à cela il n'y a point du tout de ma faute. Si la Nature a refusé le Sens-Commun à ces derniers, elle ne m'a pas chargé de leur en donner, ni deffendu d'en rire un peu comme je fais dans ce petit ouvrage dans lequel on trouvera peut-être plus de sel & plus de malice que je n'ai eu intention d'en mettre. En ce dernier cas, ce sera plus la faute du Lecteur que la mienne & partant je m'en lave les mains.

AVERTISSEMENT.

TOUT étant *LUNATIQUE* dans cet Almanach, *Auteur*, *Editeur*, *Correcteur*, *Imprimeur*, *Colporteur*, & peut-être *Lecteur*, on ne doit point être étonné qu'il soit fait tout autrement que les autres. Qui dit, *LUNE*, ou *LUNATIQUE*, dit *Travers*, *Bizarrerie*, *Originalité*, en un mot tout ce qu'il y a de plus opposé aux *Régles ordinaires*. Aussi ce petit Livre commence-t-il où les autres finissent, & finit où les autres commencent. Ce n'est donc point à la première page selon l'usage, mais à la dernière qu'il faut en chercher le *Titre* & le *Commencement*, & observer qu'il doit être lu en rétrogradant, c'est-à-dire au rebours de tous les autres livres.

Par la même raison l'on n'a point suivi le *Calendrier ordinaire* lequel est dressé sur le cours du *Soleil*, mais celui de la *LUNE*. Comme cet Astre sera le Dominant cette Année, & qu'il réglera presque toutes les actions des *LUNATIQUES Humains*, il m'a paru essentiel de suivre son cours d'un bout de l'année à l'autre pour mieux faire voir aux *Lecteurs* la liaison qu'auront

AF452623